Jobs für Nachteulen

campus concret
Band 66

Uta Glaubitz berät Berufssuchende und Wechselwillige bei der Berufswahl. Sie gibt Seminare und Workshops, veranstaltet Konferenzen und schreibt Bücher, unter anderem den Bestseller *Der Job, der zu mir passt* (1999).

Information und Kontakt: www.berufsfindung.de

Uta Glaubitz

Jobs für Nachteulen

Machen Sie Ihre Ausgeschlafenheit zum Beruf

Campus Verlag
Frankfurt/New York

Die Deutsche Bibliothek – CIP-Einheitsaufnahme

Ein Titeldatensatz für diese Publikation ist bei
Der Deutschen Bibliothek erhältlich
ISBN 3-593-36939-7

Copyright © 2002 Campus Verlag GmbH, Frankfurt/Main
Umschlaggestaltung: Guido Klütsch, Köln
Umschlagmotiv: Getty Images Stone
Satz: Fotosatz L. Huhn, Maintal-Bischofsheim
Druck und Bindung: Media-Print, Paderborn
Gedruckt auf säurefreiem und chlorfrei gebleichtem Papier.
Printed in Germany

Besuchen Sie uns im Internet: www.campus.de

Inhalt

Teil I
Machen Sie Ihre Ausgeschlafenheit zum Beruf

1. Nachts sein Geld verdienen 11

Worum geht's? 12
Berufliche Chancen für Nachteulen 12
Über dieses Buch 14

2. Sechs Fragen zu *Jobs für Nachteulen* 16

Für wen eignet sich dieses Buch? 16
Muss man heute nicht froh sein, überhaupt einen Job
zu haben? 17
Verdirbt es einer echten Nachteule nicht den Spaß am
Ausgehen, wenn er oder sie es zum Beruf macht? 17
Ist es nicht gefährlich, sich festzulegen? 18
Wer garantiert mir, dass das Konzept der Individuellen
Berufsfindung auch funktioniert? 18
Wer hilft mir, wenn ich nicht weiterkomme? 19

Teil II
Reportagen

3. Nachtleben 23

Kneipier 24

DJ 28
Barkeeper 31
Kellner 34
Türsteher 36
Koch 38
Croupier 41
Szene-Promotion 45
Nachtfotograf 48
Sommelier 49
Weitere Jobs im Nachtleben 52

4. Medien 55

Talkshowhost 56
Call-In-TV und Talkradio 59
Radio-DJ 64
Bildmischer 66
Radio-Tontechniker 69
Nachrichten-Moderation 72
Society-Reporter 77
Polizeireporter 80
Weitere Jobs in den Medien 83

5. Kunst, Musik, Showbusiness 85

Conférencier 86
Konzertveranstalter 88
Bandmanager 91
Veranstaltungstechniker 96
Roadie 100
Pyrotechniker 103
Tonstudiotechniker 105
Theaterbeleuchter 108
Maskenbildner 112
Filmvorführer 115
Platzanweiser in der Oper 118
Krimiautor 120
Weitere Jobs im Bereich Kunst, Musik, Showbusiness . . 124

6. Der lange Weg nach Hause 127

Taxifahrer 127
Schlafwagenschaffner 132
Gelber Engel 134
Concierge 138
Nightmanager Hotel 140
Exkurs: Mehr Job als Beruf – aber nachts! 143
Weitere Jobs, die dafür sorgen, dass andere gut nach
Hause kommen 146

7. Sonstiges 148

Sprengmeister 149
Promi-Babysitter 152
Übersetzer 156
Programmierer 160
24-Stunden-Hotline 163
Großmarkthändler 166
Sanitäter 168
Astronom 171
Noch mehr Berufe für Nachteulen 175

**Teil III
Workshop**

8. Workshop zur Individuellen Berufsfindung 181

Schritt 1: Was kann ich? 182
Schritt 2: Was will ich? 183
Schritt 3: Was ich tun würde, wenn ich nicht scheitern
könnte 184
*Zwischen-
ergebnis*: Die Anatomie Ihres Traumberufs 185
Schritt 4: Welche Tätigkeitsfelder ergeben sich aus diesen
Interessen und Motivationen? 187
Schritt 5: Spezialisierung 188

Schritt 6: Ermittlung: Wo gibt es solche Tätigkeiten? 189
Schritt 7: Informationsphase 191
Schritt 8: Persönliche Kontakte gezielt aufbauen 194
Schritt 9: Wie man schon vor der Bewerbung die ersten
Arbeitserfahrungen macht 196
Schritt 10: Gezielt an den gewünschten Arbeitgeber
herantreten 198

Teil IV
Service

Wie Sie trotz Nachtarbeit gesund bleiben 205

Kleines Wörterbuch 210

Anmerkungen 216

Berufsregister 217

Teil I
Machen Sie Ihre Ausgeschlafenheit zum Beruf

Lieber arbeiten als sich langweilen

Gustave Flaubert, Schriftsteller

Wenn ich so viel Erfolg hatte, dann nur, weil ich nie auf die Leute gehört habe, die dauernd sagten, was ich machen muss, um Erfolg zu haben.

Jack Nicholson, Hollywoodstar

Wer nachts schläft, muss sich nicht wundern,
wenn er tagsüber arbeiten muss.

Anonymus

1.

Nachts sein Geld verdienen

Gehen Sie nie vor Mitternacht ins Bett? Kommen Sie lieber nach Hause, wenn Büromenschen bereits auf dem Weg zur Arbeit sind? Haben Sie schon einmal darüber nachgedacht aus der Nachtschwärmerei einen Beruf zu machen? Dann hilft Ihnen dieses Buch den Job zu finden, der zu Ihnen passt.

Wenn Sie keinen Wert darauf legen, morgens um sieben per Wecker aus dem Schlaf gerissen zu werden, bieten sich zahlreiche Karrieren an: Denken Sie nur an die Kneipiers, Barkeeper und Diskjockeys, die in Clubs und Bars dafür sorgen, dass andere Nachtschwärmer einen gelungenen Abend feiern. Denken Sie an die Moderatoren der großen Fernsehshows wie Thomas Gottschalk, Linda de Mol, Amelie Fried, Giovanni di Lorenzo und Erich Böhme, die Spiele anleiten oder mit Prominenten und weniger Prominenten über das aktuelle Geschehen oder persönliche Geschichten sprechen. Oder an Polizeireporter, die den großen und kleinen Verbrechen überwiegend nachts auf der Spur sind. Und natürlich an die Leute im Musikgeschäft: Konzertveranstalter, Bandmanager, Lichttechniker, Soundmixer und Roadies.

Auf den folgenden Seiten begegnen Sie Leuten, die in diesen Bereichen arbeiten. Außerdem machen wir Sie mit Berufen bekannt, von denen Sie noch nie im Leben gehört haben. Oder wissen Sie bereits, was ein Inspizient oder ein Call-In-Show-Master macht? Oder wie man als Nachtfotograf, Croupier oder Nightmanager sein Geld verdient?

Worum geht's?

»Arbeit muss weh tun«. Und: »Qualität kommt von quälen«. Mit diesen und ähnlichen Sätzen sind die meisten von uns groß geworden. Kein Wunder also, dass viele blockiert sind, wenn es darum geht, ein eigenes Berufsziel zu finden, das nicht nur das nötige Kleingeld ins Portemonnaie schafft, sondern auch Spaß macht und ein erfülltes berufliches Leben verspricht.

Traditionell läuft Berufsfindung etwa so: Der Berufssuchende fragt sich:

- Was könnte ich mit dieser oder jener Ausbildung werden?
- Welche Planstellen könnte es für mich geben?
- Was kann ich mit meinem Schulabschluss werden?
- Was kann ich mit meinem Notendurchschnitt studieren?
- Was kann ich mit meinem Studium werden?
- Welche Weiterbildungen werden vom Arbeitsamt angeboten?
- Was raten meine Eltern, meine Freunde, mein Partner, meine Partnerin?
- In welchen Berufen hat man heute die größten Chancen?

Leider helfen solche Fragen überhaupt nicht dabei herauszufinden, welcher Job wirklich zu Ihnen passt. Daher geht dieses Buch anders vor. Es fragt: Was für ein Typ sind Sie? Und welcher Beruf passt dazu? Zur Anregung finden Sie zahlreiche Berichte über Leute, die nachts ihr Geld verdienen. Und eine Anleitung, wie man aus seiner Aufgewecktheit einen Beruf macht.

Dabei kommt es nicht darauf an, ob Sie bereits in einem Beruf arbeiten – und möglicherweise keinen Spaß daran haben – oder ob Sie als Schülerin, Student oder Arbeitsloser auf der Suche nach einer Tätigkeit sind, die zu Ihnen passt.

Berufliche Chancen für Nachteulen

Natürlich geht es im Nachtleben erst einmal um Spaß, Genuss und Lebensfreude. Wer sein Tagleben zwischen Computer und den schlecht gelaunten Kollegen verbringt, will nach Feierabend gut essen und trinken und vor allem etwas erleben. Man geht ins Restaurant und in die Kneipe, später in einen Club und auf den letzten Drink in die Cocktailbar. Neben Wirten, Kellnern und Barkeepern arbeiten dort DJs, Köche, Sommeliers und Türsteher.

Auch die Medien stehen nachts nicht still. Schließlich passiert immer irgendwo auf der Welt etwas. Spätnachrichten wie die Tagesthemen oder das RTL Nachtjournal bringen die zu Bett gehende Bevölkerung auf den letzten Stand der Dinge. Wer danach noch nicht bettreif ist, schaut bei Live-Sendungen wie Biolek oder Christiansen rein. Die ganz späten können mit den beiden Jürgen – Domian und Kuttner (von der Radioshow Sprechfunk) – über Privatgeschichten und Schicksale plaudern. Hier arbeiten neben den Moderatoren auch Redakteure, Aufnahmeleiter und Regisseure. In den Printmedien sind es vor allem die Society-Reporter der Klatschmagazine und die Polizeireporter der Tageszeitungen, die nachts unterwegs sind.

Wer sich lieber im Bereich Kino, Theater, Oper oder Konzerthalle betätigen möchte, kann eine Laufbahn als Regisseur anstreben oder als Conférencier, Bühnenarbeiter, Filmvorführer oder Souffleur arbeiten. Auch Maskenbildner und Requisiteure sind überwiegend abends und nachts aktiv.

Darüber hinaus gibt es nach Einbruch der Dunkelheit eine Menge Service-Jobs. Kleine Agenturen beispielsweise bieten professionelle Babysitter an, Tankwarte versorgen die Nachtschwärmer mit Kraftstoff, Dosenbier und Zigaretten. EDV-Notdienstler springen ein, wenn nachts der Rechner abstürzt. Und schließlich gibt es eine ganze Reihe von Tätigkeiten, die für Nachteulen attraktiv sind, obwohl sie eigentlich auch frühmorgens erledigt werden könnten. Die meisten Übersetzer, Programmierer und Tontechniker ziehen es vor, nachts mit open end zu arbeiten und dafür morgens auszuschlafen.

Das bedeutet: Um nachts Karriere zu machen, brauchen Sie nicht unbedingt ein großes Schauspieltalent oder eine Sterneköchin zu sein. Viel wichtiger sind häufig ein Händchen für den Umgang mit Gästen, Spaß an Entertainment und Spektakel und natürlich gute Laune – auch wenn es wieder einmal viel später geworden ist als geplant.

Über dieses Buch

Sie möchten wissen, wie man Geld verdient, ohne morgens um sieben aufstehen zu müssen? Der zweite Teil des Buchs präsentiert Ihnen Jobs für Nachteulen und Leute, die gern spät ins Bett gehen. Dabei haben wir darauf geachtet, überwiegend Berufe zu präsentieren, die sich auch für Umsteiger eignen, für die Sie also nicht unbedingt eine weitere formale Ausbildung oder ein zusätzliches Studium benötigen. Das bedeutet allerdings nicht, dass Sie keinerlei Fachkenntnisse brauchen. In den meisten Fällen werden Sie sehr viel dazu lernen müssen. Ob Sie dafür jedoch (noch einmal) eine Ausbildung machen oder eine Universität besuchen, liegt ganz an Ihnen. In jedem Fall finden Sie Hinweise, wo es das nötige Zusatzwissen gibt und wie Sie Ihre Fähigkeiten ausbauen können.

Die vorgestellten Tätigkeiten werden durch konkrete Beispiele und Interviews mit Leuten aus der Praxis illustriert. Die großen Bereiche dabei sind:

- Nachtleben
- Medien
- Kunst, Musik, Showbusiness
- der lange Weg nach Hause
- Sonstiges

Tipps von Experten, Literaturangaben, Adressen und Informationen runden den ersten Teil ab.

Die vorgestellten Berufe dürfen jedoch über eins nicht hinwegtäuschen: Keins der Beispiele erspart es Ihnen, sich über den Job, der zu Ihnen passt, eigene Gedanken zu machen. Im dritten Teil finden Sie daher einen Workshop, wie Sie sich ein individuelles Berufsziel erarbeiten. Schritt für Schritt zeigen wir Ihnen, wie Sie klar über Ihre Fähigkeiten und Motivationen nachdenken können.

Im Schlusskapitel geht es darum, wie man trotz des ausgiebigen Nachtlebens gesund bleibt.

Die Arbeitswelt von heute ist voll von Anglizismen. Niemand bemüht sich mehr, deutsche Ausdrücke für Call-In-Show oder Roadie zu finden. Weil nicht jeder alles wissen kann, finden Sie im Anhang ein kleines Wörterbuch für die im Text gebrauchten Begriffe. Ein Register der vorgestellten nächtlichen Berufe schließt das Buch ab.

Ein erster Tipp: Umgeben Sie sich während der Lektüre dieses Buchs mit Leuten, die nicht nur gern ausgehen, sondern die durch eigene Aufgewecktheit überzeugen und die Sie unterstützen. Ideentechnische Bremsklötze mit ihrem ewigen »das bringt doch sowieso nichts« oder »das schaffst Du nie« können Sie jetzt nicht gebrauchen. So habe auch ich mich während des Schreibens streng an diesen Grundsatz gehalten.

Unentbehrliche Hilfe leistete die Fachautorin Andrea Dornseif, die sich kopfüber ins Nachtleben stürzte und Reportagen über Theater- und Filmleute lieferte. Thorsten Reinke als Mann fürs Grobe scheute keine Mühe, um Heiner Bremer vom RTL Nachtjournal und Jürgen Kuttner vom ORB Sprechfunk zu interviewen. Julia Richter suchte einen Croupier und einen Nachtfotografen auf, interviewte Sprengmeister und Babysitter. Und sie schaffte es, den Konzertveranstalter Fritz Rau über seine Karriere zu befragen, so wie es Matthias Grauer gelang, den Manager der Glamrockband KISS aufzutreiben. Ohne die Gastronomie-Begeisterte Anja Richter, die Autoren Nana Plötz, Hajo Völler und Danuta Schmidt wäre das Buch nur halb so schön geworden. 1 000 Dank an alle.

2.

Sechs Fragen zu *Jobs für Nachteulen*

In diesem Buch geht es um die Frage, wie Sie für sich selbst ein Berufsziel erarbeiten – auch, wenn Sie noch keinen blassen Schimmer haben, in welchem Bereich Sie Ihre Begeisterung fürs Nachtleben einsetzen könnten. Bevor Sie sich im Folgenden von anderen professionellen Nachteulen zu eigenen Berufsplänen inspirieren lassen, hier noch einige Antworten auf häufig gestellte Fragen.

Für wen eignet sich dieses Buch?

Dieses Buch gibt Berufssuchenden ein Werkzeug an die Hand, eigene berufliche Ziele auszuloten. Damit ist *Jobs für Nachteulen* geeignet für alle, die sich beruflich orientieren oder umorientieren möchten: Berufstätige und Arbeitslose, Schüler und Schülerinnen, Studenten und Studentinnen. Sie lernen, sich systematisch mit der Frage auseinanderzusetzen, wie Sie Ihr berufliches Leben gestalten möchten. Dabei setzt die im dritten Teil des Buchs geschilderte Methode der Individuellen Berufsfindung keine bestimmten Qualifikationen voraus, sondern die Bereitschaft, seine bisherige Biografie zu durchleuchten und neue Wege der Berufsfindung zu gehen.

Muss man heute nicht froh sein, überhaupt einen Job zu haben?

Wer heutzutage über Befriedigung im Beruf, Spaß an der Arbeit und vielleicht sogar über Traumberufe spricht, wird schnell mit Resignation und Aggressivität konfrontiert. »Heute kannst Du froh sein, wenn Du überhaupt etwas kriegst«, lautet die gängige Antwort. Auf der Suche nach echten Motivationen und Herzenswünschen wird man schnell zum Spinner abgestempelt.

Ist die Suche nach dem maßgeschneiderten Beruf nur etwas für gute Zeiten? Ganz sicher nicht: Denn gerade in schwierigen Situationen ist es für den Berufssuchenden notwendig, sich zu orientieren und konkret darüber nachzudenken, auf welchem Gebiet er wirklich arbeiten will. Schließlich ist er nur dort in der Lage, mit (zwangsläufig auftretenden) Rückschlägen fertig zu werden und langfristig gute Arbeit zu liefern. Dabei kann es sich niemand leisten, auf den Zufall zu hoffen und sich ohne einen konkreten Plan ziellos in der Arbeitswelt zu bewerben.

Verdirbt es einer echten Nachteule nicht den Spaß am Ausgehen, wenn er oder sie es zum Beruf macht?

»Arbeit muss wehtun. Und wenn Du mit etwas, das Du gerne tust, Dein Geld verdienst, macht es Dir spätestens dann keinen Spaß mehr.« Solche und ähnliche Sprüche geistern durch die Welt der Berufsberatung. Bei unseren Recherchen haben wir jedoch eins festgestellt: Keine der befragten Nachteulen würde lieber einer geregelten Bürotätigkeit nachgehen. Im Gegenteil: Gerade die Atmosphäre der Nacht, der lockere Umgangston und die Begegnung mit den unterschiedlichsten Menschen machen echte Nachteulen am Arbeitsplatz zufrieden. Und natürlich die Möglichkeit, morgens lange auszuschlafen. Der persönliche Lebensstil und der Spaß an der Aufgabe sind Voraussetzungen für den beruflichen Erfolg.

Ist es nicht gefährlich, sich festzulegen?

Stellen Sie sich vor, Sie geben Ihr berufliches Ziel in einen Computer ein und starten ein Programm, mit dem der Computer automatisch einen Weg findet, dieses Ziel auch zu erreichen. Das hört sich gut an? So einen Computer besitzen Sie bereits – es ist Ihr Gehirn. Wenn Sie Ihrem Gehirn ein klares Ziel vorgeben, wird es auch einen Weg finden, dieses Ziel zu erreichen. Genau dafür wurden wir von Geburt an mit grauen Zellen ausgestattet. Bleibt Ihre Software jedoch ohne klare Zielvorgabe, kann sie keinen Lösungsweg finden.

»Ich möchte gern etwas mit Musik machen« zählt dabei noch nicht als klare Zielangabe. Oft ist die Spezialisierung eines Technikers, Kneipiers oder Service-Anbieters der Schlüssel zum Erfolg. Herkömmliche Berufsratgeber empfehlen oft das Gegenteil einer Spezialisierung: »Bleiben Sie flexibel, legen Sie sich nicht zu sehr fest, und halten Sie sich möglichst viele Optionen offen.« Diese Strategie birgt jedoch einen entscheidenden Nachteil: Als Bewerber, der sich alle Möglichkeiten offen hält, werden Sie bei Ihrer Arbeitssuche stets auf viele andere Bewerber treffen, die sich ebenfalls alle Optionen offen gehalten haben. Arbeitgeber suchen aber nicht Leute, die sich alle Optionen offen halten, sondern Arbeitskräfte, die für ein ganz bestimmtes Publikum eine ganz bestimmte Leistung anbieten können.

Wer garantiert mir, dass das Konzept der Individuellen Berufsfindung auch funktioniert?

Mithilfe der Individuellen Berufsfindung legen Sie zwei Dinge fest: Ihr persönliches berufliches Ziel und den Weg dorthin. Damit allein haben Sie Ihre Chancen auf dem Arbeitsmarkt bereits um ein Vielfaches erhöht, und zwar denen gegenüber, die weder über ein Ziel noch über eine Strategie verfügen – und das sind viele.

Der Rest wird sich an Ihrem persönlichen Einsatz, Ihrem Durchhaltevermögen und Ihrer Fähigkeit zur Überwindung des inneren Schweinehunds entscheiden. Wenn Ihnen auf dem Weg zu Ihrem beruflichen Erfolg Zweifel kommen, so akzeptieren Sie diese als vollkommen normale Erscheinung. Die meisten haben jahre- und jahrzehntelang diverse Abwehrmechanismen trainiert, wenn es darum geht, das eigene Schicksal selbst in die Hand zu nehmen. Einer dieser Mechanismen ist die Produktion von Versagensängsten.

Sind Sie wieder einmal an dem Punkt angelangt, an dem Sie »ganz sicher« sind, dass Ihre beruflichen Pläne niemals funktionieren werden, halten Sie sich eine Situation vor Augen, in der Sie etwas geschafft haben, das Sie (und alle anderen) vorher für unmöglich hielten. Dann wird Ihnen wieder bewusst, dass man so ziemlich alles schaffen kann, wenn man es sich erst einmal in den Kopf gesetzt hat. Und noch etwas: Alle erfolgreichen Nachteulen, die in diesem Buch vorgestellt werden, haben auch einmal klein angefangen.

Wer hilft mir, wenn ich nicht weiterkomme?

Zu Beginn Ihres Berufsfindungsvorhabens engagieren Sie ein Unterstützungskomitee von etwa zwei bis vier Freundinnen und Freunden, die Ihnen während Ihrer Berufsfindung zur Seite stehen. Niemand bleibt von Phasen verschont, in denen er Schwierigkeiten hat, den nächsten Schritt zu planen, oder in denen er sich einfach nur wenig zuversichtlich fühlt.

Viele Vorhaben scheitern daran, dass der Berufssuchende einen wahren Fundus an Vermeidungsstrategien bereit hält, um gerade erst beschlossene Schritte auf keinen Fall in die Tat umsetzen zu müssen. Daher empfiehlt es sich, einen Freund einzuschalten, der einem gegebenenfalls auf die Füße tritt. Rufen Sie ihn an, sobald Sie eine Entscheidung gefällt haben. Teilen Sie ihm mit, bis wann welche Schritte in die Tat umgesetzt sein sollen. Verabreden Sie, dass er anruft und kontrolliert, ob Sie alles erledigt haben. Sie können Ihrem Freund, Ihrer Freundin auch eine Kopie Ihres schriftlich ausgearbeiteten Plans schicken. Bei Ankunft des Briefs gilt der Inhalt als verbindlich.

Undefinierbare Motivationsprobleme lösen Sie also am besten, indem Sie über andere Leute Verbindlichkeiten schaffen. Das Wichtigste aber ist: Wenn in Ihrem Berufsfindungsprozess Probleme auftauchen, so ist das für Sie noch lange kein Grund aufzugeben. Beweisen Sie stattdessen Problemlösungskompetenz, und finden Sie Mittel und Wege. Wenn Ihnen keine einfallen, fragen Sie jemanden, der erfahrener ist als Sie. Aber lassen Sie sich nicht auf halbem Weg von lösbaren Problemen entmutigen.

Teil II
Reportagen

Bei Nacht sind alle Katzen grau.

Ovid, römischer Dichter

Das Müllerleben
hat Gott gegeben.
Aber das Schaffen bei Nacht
hat der Teufel erdacht.

Müllerweisheit

Er hat eine Schlüsselposition im Unternehmen –
er ist Nachtwächter.

Sponti-Spruch

3.

Nachtleben

Das Nachtleben ist die ureigenste Domäne der Nachteulen. Hier wird bei Dämmerung erwacht und nicht selten erst im Morgengrauen heimgegangen. Dazwischen wird gegessen, getrunken, geflirtet und gefeiert. Wer nicht tanzt, kann an der Theke mit dem Wirt parlieren, am Stammtisch diskutieren oder seinen Feierabend mit philosophischen Betrachtungen über Gott und die Welt verbringen – vor dem passenden Hintergrund, versteht sich. Zwar könnte man auch auf dem heimischen Sofa trefflich über Auf- und Untergang des Abendlandes spekulieren, doch erst der richtige Rahmen (Spelunke, Bar, Salon) macht den Abend zum bewegenden Ereignis. Das Ambiente stimuliert.

Wer hier arbeitet, tischt auf, mixt Cocktails, serviert Wein, zapft Bier und macht Musik. Die Jobs haben mehr mit Spaß, guter Laune und Lebensfreude zu tun als der gemeine Büroalltag. Kommunikation und Offenheit gegenüber den unterschiedlichsten Menschen sind gefragt. Ziel der Arbeit ist es, dem normalen Tagelöhner einen gelungen Feierabend zu bereiten. Und mit anderen Nachteulen zusammen das Leben in der Dunkelheit zu genießen.

Der Einstieg ins Nachtleben ist leicht: Überall gibt es Anfängerjobs für Leute, die nicht unbedingt scharf darauf sind, dass morgens um sieben der Wecker klingelt. Wer in der Praxis lernt und Erfahrungen mitbringt, kann sich schnell in höhere Ebenen vorarbeiten. Cafés, Diskotheken, Restaurants und Spielcasinos brauchen Leute, die wissen, wie man das investierte Geld zum Erfolg führt. Das beinhaltet auch klassische Managementaufgaben:

Expansionsplanung, Zielvereinbarungen, Controlling, Marketing, Personalauswahl und -schulung.

Kneipier

»Wer nichts wird, wird Wirt«, sagt der Volksmund. Eine echte Nachteule kann darüber nur die Schultern zucken. Schließlich gehen auch Autoverkäufer, Beamte, Webdesignerinnen und Manager abends in die Kneipe, um sich dort mit ihrem zuvor verdienten Geld einen schönen Abend zu machen.

Doch Kneipe ist nicht gleich Kneipe: Manch eine läuft und läuft und läuft, während sich in anderen für wenige Monate ein paar Gäste tummeln, bis sie schließlich wieder verschwindet. Die Gründe für Erfolg oder Misserfolg sind unterschiedlich. In jedem Fall aber hängt vieles vom Kneipenkonzept und von der Persönlichkeit des Gastgebers ab.

Volker Hauptvogel beispielsweise, erfolgreicher Wirt und Urgestein des Berliner Nachtlebens, hat mit drei verschiedenen Konzepten den Ausgehwütigen der Stadt erfolgreich Unterhaltung geboten: Noch als Musiker der Kultband MDK eröffnete er in den achtziger Jahren den Pinguin-Club, in dem spätnachts das Szenepublikum auf die damals angesagte Neue Deutsche Welle traf.

So wie Hauptvogel selbst erwachsener wurde, etablierten sich auch seine Gäste. Ein paar Häuser neben dem Pinguin eröffnete der Profi-Wirt den Storch, eine Art elsässisches Brauhaus, in dem auch Berufstätige nach Feierabend essen und trinken können. In den ersten Wochen stand er selbst an der Tür und begrüßte jeden Besucher persönlich und so strahlend, als habe er nur auf ihn gewartet.

Dass Hauptvogel auch im heiß umkämpften Markt der Stadt ohne Sperrstunde ein Gespür für Erfolg versprechende Konzepte hat, zeigt sein Ausflug in die Welt der harten Säufer: Wieder ein paar Häuser weiter übernahm er die traditionelle Eckkneipe Felsenkeller, die im Schöneberger Kiez einen Jahrzehnte alten Ruf als Treffpunkt professioneller Tresenhänger hatte und machte dar-

aus das, was man heute wohl eine Kult-Kneipe nennt. Zu Haupt-
vogels Geheimnissen als Wirt gehört sicher seine eigene Begeisterung für das gepflegte – und eben auch das nicht ganz so gepflegte –
Nachtleben.

Der Wettbewerbsdruck im Gastgewerbe ist hoch. Im Klartext:
Kneipen gibt es eigentlich überall genug. Nach Schätzungen des
Deutschen Hotel- und Gaststättenverbands schenken rund
165 000 Unternehmen in der Bundesrepublik Bier aus. Davon werden etwa 113 000 als Restaurants, Cafés, Eisdielen und Imbisshal-
len betrieben, rund 52 000 im Bereich des sonstigen Gaststätten-
gewerbes, insbesondere als Schankwirtschaften, also Kneipen.[1]
Gefragt sind bei dieser Konkurrenz originelle Ideen. Die Leute
wollen nicht einfach nur ausgehen – der Trend zur Erlebnisgastro-
nomie schließt auch die Kneipe mit ein. Der Fantasie sind dabei
keine Grenzen gesetzt, solange die Idee den Nerv des Publikums
trifft.

Steuerfahnder in der Kneipe – dies erinnert wieder an den Satz
vom Wirt, der nichts anderes werden konnte. Viele Kneipen ver-
schwinden schnell wieder, weil ihre Besitzer tatsächlich mehr vom
Nachtleben als von Steuern, Betriebswirtschaft und Kalkulation
verstehen. Es ist leicht zu übersehen, dass in den Endpreisen der
Gastronomie 16 Prozent Mehrwertsteuer enthalten sind, die der
Fiskus am Quartalsende aus der Kasse haben will.

Die Tücken der Bürokratie im Gastgewerbe hat auch Susanne
Majewski kennen gelernt. Die studierte Soziologin und Politikwis-
senschaftlerin hatte bereits aus der Studienzeit Erfahrung in der
Gastronomie. Mit dem Examen in der Tasche schienen ihr die
praktischen Kenntnisse bessere Berufsaussichten zu bieten als die
Theorie: »Statt Prospekte zu verteilen oder gar auf dem Sozialamt
zu landen, hab ich lieber Geld organisiert und eine Kneipe aufge-
macht.« Heute ist sie ihre eigene Chefin. Doch ob der Laden läuft
oder nicht, hängt unter anderem am Bierverlag, an Saison und
Wetter, aber auch am Wirtschaftsamt, an den Hygienevorschriften
und der Berufsgenossenschaft. Noch vor dem ersten verkauften
Bier plagte sie sich mit Bauaufsicht, Vermieter und Steuerberater
herum.

Seit 1993 hat Majewski ihren Laden im traditionellen Berliner

Ausgehbezirk Kreuzberg und ist seither wirtschaftlich erfolgreich. Sie warnt Nachteulen, die mehr Enthusiasmus als Sachverstand mitbringen: »Wenn man einen Laden neu macht, arbeitet man erstmal für die Bank.« Pro Quadratmeter Ladenausbau zahlte sie damals rund 750 Euro.

Mittlerweile beschäftigt Majewski sechs feste Kellner und Köche und zehn Aushilfen. Das geht nicht ohne Talent im Umgang mit Menschen und Führungsqualitäten. Schwarzarbeit gibt es in ihrem Betrieb nicht, das könnte das Finanzamt ärgern und teuer werden. Majewski bietet auch Cateringservices: Cocktails zum Beispiel für Veranstaltungen mit bis zu 3 000 Leuten und Partys mit Essen und allem Drumherum für 300. Das sind meist Firmenfeiern oder Sportturniere. »Das ist schon lustig, wenn man eine nette Crew hat und der Koch richtig zaubern kann.«

Majewskis Nächte – und Tage – sind lang. Denn die Arbeit für die Kneipe findet nicht ausschließlich nachts hinterm Tresen statt. Ein Drittel der Arbeitszeit eines Kneipiers ist gewöhnlich mit Computer-, Büro- und Finanzangelegenheiten ausgefüllt, mit Einkaufen, dem Erstellen von Dienstplänen und Buchhaltung. Schön an dem Job findet sie augenzwinkernd: »Es ist immer was zu trinken im Haus.« Allerdings sollte der Kneipier nicht selbst sein bester Kunde sein: »Leider nicht unbedingt eine Seltenheit in dem Business.«

Die Gastronomie ist traditionell eine Praktikerbranche. Die Einstiegsgehälter sind niedrig, der Aufstieg dafür schnell. Die meisten Kneipiers haben zuvor in der Gastronomie gejobbt, als Kellner oder Barkeeper, dann als Geschäftsführer eines größeren Ladens. Schließlich muss man wissen, wie die Registrierkasse funktioniert, wie ein Schankhahn aussieht, dass ein Vorstecker eine Servierschürze und eine Bainmarie ein Wasserbad zum Warmhalten ist. Ganz wichtig für die eigene Kneipe: »Ein verlässlicher Kompagnon, der jederzeit einspringt, wenn ich krank werde oder sonstwie verhindert bin«, sagt Majewski. »Ohne Chef oder Chefin im Laden fehlt einfach etwas.« Neben Führungskraft und Betriebswirt müssen Kneipiers auch präsente Gastgeber sein. Denn die Gäste merken schnell, wie persönlich die Atmosphäre ist. Ganz schön viele Aufgaben für einen Kneipier also. Wer nichts wird, so Majewski, werde eben auch kein Wirt.

Praxis-Box

Um eine Kneipe zu eröffnen, muss eine Konzession erworben werden. Die wichtigsten Voraussetzungen sind:

- Bei der Industrie- und Handelskammer: eine vier- bis sechsstündige Unterweisung, in der Sachkenntnisse in Fragen des Lebensmittelrechts vermittelt werden.
- Beim Gesundheitsamt: Antrag auf Gesundheitspass, ohne den niemand mit Lebensmitteln oder Getränken umgehen darf (gilt auch für die Mitarbeiter).
- Beim Bauaufsichtsamt: Infos über die Auflagen, denen Gaststätten aus hygienischen und Sicherheitsgründen unterliegen. Die Einhaltung dieser Vorschriften lassen die Behörden durch den Gewerbeaußendienst in unregelmäßigen Abständen kontrollieren.
- Anmeldung bei der GEMA (Gesellschaft für musikalische Aufführungs- und mechanische Vervielfältigungsrechte): Wenn in der Öffentlichkeit, also auch in einer Gaststätte Musik gespielt wird (auch durch Rundfunk- oder Fernsehgeräte), erhebt die GEMA dafür Gebühren.

Info-Box

Künftige Wirte können den *DEHOGA Deutschen Wirtebrief* durch verschiedene, einzelne Seminare (insgesamt 168 Stunden) erwerben, der mit einer Prüfung abgeschlossen wird. Informationen bei der örtlichen Hotel- und Gaststätteninnung.

Leitfaden für Existenzgründer im Gastgewerbe. Gastgewerbliche Schriftenreihe.
Selbstständig im Gastgewerbe. Checkliste für Existenzgründer.

Diese und weitere Gastronomiebroschüren und Fachbücher sind zu beziehen über:

Deutscher Hotel-
und Gaststättenverband
Dokumentationsstelle
Haus des Handels
Am Weidendamm 1a
10117 Berlin
Tel.: (0 30) 7 26 25 20
Fax: (0 30) 72 62 52 42
www.dehoga.de

Interhoga
Bürgerstr. 21
53173 Bonn
Tel.: (02 28) 82 00 80
Fax: (02 28) 36 69 51
www.interhoga.de

Fachzeitschriften:

Allgemeine Hotel- und Gaststätten-Zeitung
Das Gastgewerbe
Neue Gastronomische Zeitung
P V Report – Professionelle Verpflegung, Convenience, Catering,
  Küchentechnik

DJ

Partys beginnen in der Regel deutlich nach Einbruch der Dunkelheit. Der DJ kommt, wenn die ersten Gläser geleert und die üblichen Smalltalks geführt sind. Dann ist es Zeit zu tanzen. Und dazu braucht es Musik: in Bars und Clubs, auf Raves und Festivals, bei Geburtstagspartys, Hochzeiten und anderen Privatvergnügen. Wenn es keine Livemusik gibt, kommen die Songs aus der Konserve, sprich von Platte, CD, Kassette und neuerdings auch im MP3-Format aus dem Rechner. Die Leute, die dafür zuständig sind, heißen Diskjockey, DJ, DJane oder Selector.

Die Auftritte dauern zwischen einer und zehn Stunden, manchmal auch mehr. Während die Leute auf dem Dancefloor feiern, arbeiten die DJs im Schichtsystem. Manche gehen zwischendurch schlafen, »wenn sie vernünftig sind, sonst landen sie nach zwei Jahren in der Klapsmühle«, so Vilas, DJ aus Köln. Er sieht es als seine Aufgabe an, den Leuten einen guten Abend zu bereiten. »Das gelingt am besten mit einer Mischung aus eigener Lust und einem Gefühl für die Stimmung im Raum.«

Die Haupttätigkeit eines DJs ist es, Platten aufzulegen und (tagsüber) Platten zu kaufen, in Vilas' Fall House, Dub, Drum'n' Bass und Techno – aber entspannt. Er nennt das: Techno ohne Gebolze und Geballere, Minimal Techno oder Kölner Schule. »Das kann man auch ganz normal zu Hause hören. Die Beats gehen den Leuten ins Gehirn, regen die Fantasie an und sind nicht ganz so profan«, erklärt er. Er selbst jedenfalls hört seine Musik auch zum Frühstück. Das allerdings findet selten vormittags statt.

Die Musikszene ist international. In großen Clubs legen DJs aus verschiedenen Nationen auf: Engländer, Holländer, Belgier, Deutsche, Skandinavier, manchmal ist auch ein Russe dabei. Verständigt wird sich über die Musik oder auf Englisch. Neben den Clubs werden die DJs von Eventagenturen, Party- und Konzertveranstaltern gebucht. Dabei kommen die meisten Aufträge über Mundpropaganda. Ein Marketinginstrument für die eigene Kunst ist die Aufnahme von CDs und Kassetten. Durch moderne Technik ist es möglich geworden, eigene Musikstücke selbst abzumischen und CDs in Kleinauflage herzustellen. So können die Musiker unabhängig von Plattenfirmen bleiben, sind aber selbst für die Vermarktung zuständig. Vilas' Label *Inna Riddim* vertreibt die Scheiben über www.planet-bass.de. »Wenn die Leute sich nach einem Auftritt die CD kaufen wollen, können sie sie ganz einfach übers Netz bestellen.«

Bis in die achtziger Jahre hinein bestand der Job eines DJs hauptsächlich darin, die Platten von anderen Musikern aufzulegen. Die Stücke waren drei- bis fünfminütige Songs, bestehend aus Strophen und Refrain. DJs waren damals eher Moderatoren. Heute ist der DJ, wenn er sein Handwerk beherrscht und die nötige Inspiration hat, vielmehr selbst Komponist. Die Tracks, aus denen er seinen Auftritt zusammensetzt, sind als einzelne gar nicht mehr zu erkennen. »Die Höhepunkte auf der Tanzfläche entstehen oft nicht nur durch das vorliegende Material, sondern dadurch, dass ich an einem Punkt zum Beispiel die Basslinie ausblende und genau im richtigen Moment wieder auf die Leute loslasse. Das gibt dann häufig ein großes Hallo«, beschreibt Vilas seine Arbeit. Und DJ Talisman vom Berliner Matrix-Club ergänzt: »Der moderne DJ verkriecht sich nicht hinterm Pult, sondern will eine gute Show liefern.« Der

Mann oder die Frau an den Reglern müsse eine Beziehung zum Publikum aufbauen. »Du kannst zu Hause der Beste sein, es hilft aber nichts, wenn Du bei den Leuten nicht ankommst.«[2]

Vilas sieht es als besondere Herausforderung an, den Horizont der Leute zu erweitern. Das funktioniere aber nur, wenn diese bereit sind, Neues aufzunehmen. Er ist oft ein paar Stunden vor seinem Auftritt da und sieht sich an, was die anderen DJs machen und wie die Stimmung auf der Tanzfläche ist. »Dann überlege ich: Was passt jetzt? Wie könnte es weitergehen? Jeder DJ ist nur so gut wie sein Publikum. Wer in einer Disco auf Ibiza arbeitet und da die Charthits auflegt, der passt eben auch zu seinem Publikum.« Vilas' Tipp zum Einstieg ins DJ-Geschäft: »So häufig und so lange wie möglich Platten auflegen.«

Viele DJs veranstalten zusätzlich eigene Events und Partys: sie suchen Locations, organisieren Licht und Anlage, verhandeln mit anderen DJs und Bands und kümmern sich um Verträge, Gagen, Hotels, Versicherungen, Türsteher und Getränke. Wer es nicht ganz so spät mag, kann auf Afterwork-Partys auflegen: In großen Städten wie München oder Köln beginnen die DJs ihre Arbeit gegen 19 Uhr, Schluss ist definitiv um Eins.

Info-Box

Infos über Kollegen weltweit, Musik und Kommunikation mit anderen gibt es unter: www.internetdj.com

Bei der Gesellschaft für musikalische Aufführungs- und mechanische Vervielfältigungsrechte müssen Veranstaltungen angemeldet werden, da für die Wiedergabe von musikalischen Werken anderer Künstler Lizenzgebühren anfallen. Techno- und House-DJs dagegen argumentieren, dass sie im Mix neue Musikstücke schaffen.

GEMA
Bayreuther Str. 37
10787 Berlin
Tel.: (0 30) 2 12 45 00
Fax: (0 30) 21 24 50 09 50
www.gema.de

Barkeeper

Natürlich gibt es auch tagsüber Anlässe zum Trinken, Frühschoppen, Betriebsjubiläen und Sektfrühstücke beispielsweise. Doch an der Bar werden die ersten Drinks im Regelfall nicht vor 18 Uhr gemixt.

Ob die Martinis dabei geschüttelt oder gerührt serviert werden – beides ist eine Kunst für sich: Das Schütteln des Cocktailshakers erfolgt mit ellipsenförmigen Bewegungen, gerührt wird in der Schleifenform einer Acht. Beides dient dazu, die Ingredienzien eines Cocktails so miteinander zu vermischen, dass am Ende aus verschiedenen Alkoholika, Sirups und Säften eine wohlschmeckende Einheit entsteht, die, mit Obst garniert, die durchschlagende Wirkung der Mixtur vergessen lässt.

Lisa Michaelis, Barkeeperin unter anderem in der legendären Bar Blue Note in Berlin, verwirrt den gewöhnlichen Biertrinker oder Weinfreund schon mit der Erklärung klassischer Standardcocktails: Sie kommen mit Eis oder ohne, werden eingeteilt für die Zeit vor dem Essen oder nach dem Essen, werden auf der Basis von Rum, Wodka, Gin, Whiskey gemixt, enthalten Sahne (»das lieben die Amerikaner«) oder sind »obstlastig«. Und schließlich unterscheiden sich die Cocktails in der Grundfrage: gerührt oder geschüttelt – manchmal nach Rezept vorgeschrieben, manchmal auf Wunsch des Gastes.

Neben den Klassikern sind neuere Kreationen wie Zombie an der Bar gefragt. »Der trägt seinen Namen zu Recht«, weiß Michaelis aus eigener Erfahrung, »drei, vier Sorten Rum und noch Cherry Brandy als alkoholische Basis: Nach zwei Drinks bist du selbst ein Zombie.« Professionelle Barkeeper brauchen für die Zutaten keinen Messbecher mehr. Wie viel wovon in welchen Drink muss, sagen Auge und Handgelenk.

Die Art der Gäste bestimmt auch den Status eines Barkeepers. »Die Krone in der Gastro ist, abgesehen vom eigenen Laden, in einer Promi-Bar zu servieren«, behauptet Michaelis. Cocktails werden hauptsächlich bis Mitternacht geordert. Dann gehen die Leute tanzen oder steigen auf leichtere Drinks um. Die Schicht der Barleute dauert bis in die frühen Morgenstunden, dann muss alles aufgeräumt und die Fehlliste geschrieben werden. Feierabend haben die meisten Barkeeper, wenn die ersten Morgenmenschen zur Arbeit fahren.

Trotz des langen Stehens – wenn Michaelis nach einem gelungenen Abend die Bar verlässt, liebt sie ihren Job. Die Kunst, als Gastgeberin eines unterhaltungswütigen Publikums offen und freundlich zu sein, aber gleichzeitig Distanz zu halten, macht ein wichtiges Talent des Barkeepers aus. Dabei wird er oder sie von der Bar selbst »als natürliche Barriere« unterstützt.

Wie wichtig der Kontakt zu den Gästen ist, betont auch Christoph Schwanitz, Barkeeper im Szene-Bezirk Prenzlauer Berg: »Ich bin hier Animateur und Unterhaltungskünstler. Mein Job ist es, den Leuten ihre Freizeit angenehm zu gestalten. Dann gibts auch gutes Trinkgeld.« Dazu schniegelt er sich vor seinem Einsatz regelmäßig zurecht – ein gepflegtes Äußeres und gute Manieren gehören beim Arbeiten an der Bar dazu. Schließlich fungiert Schwanitz als Repräsentant des Etablissements, Blickfang und erster Ansprechpartner für die Gäste. »Manche betrachten mich auch einfach als ihren Getränkeservice und benehmen sich entsprechend. Aber dafür kann ich eigenständig arbeiten und ab und zu meiner schöpferischen Ader nachgehen, wenn jemand sich etwas Besonderes wünscht.«

Natürlich hat Schwanitz im Fall des Falles für jeden Kunden eine persönliche Empfehlung parat. Zu den Voraussetzungen für einen Job an der Bar zählt er außerdem: stabile Nerven, Toleranz gegenüber Erscheinungsformen überschäumenden Amüsements, ein gutes Gedächtnis für die Rezepte und Namen der Cocktails und die Fähigkeit, für ein paar Stunden das Private vergessen zu können. Aber auch Fachliches: Viel über Wein zu wissen sei wichtig, und darüber im entsprechenden Jargon mit den Gästen philosophieren zu können. Auch in einer Cocktailbar muss der Keeper ein gepflegtes Bier zapfen können.

Schwanitz beginnt seine Arbeit damit, den Barbestand zu kontrollieren. Vielleicht muss ja noch etwas eingekauft werden. Tresen wischen, Stühle von den Tischen runterstellen, saubere Aschenbecher und frische Kerzen rauf. Ist das Fass ordentlich angeschlossen? Die Bierleitung wird routinemäßig alle zwei Wochen durch das Ablassen von etwa anderthalb Litern gründlich mit der Bürste gereinigt. Danach wird der Mixplatz eingerichtet. »Ich verteile mein Barequipment immer auf maximal anderthalb Meter, sodass ich alles in Reichweite habe und trotzdem nicht ständig was umschmeiße. Aber da hat jeder sein eigenes System.« Besagtes Equipment: die gängigsten Alkoholika säuberlich aufgereiht, Schneidebrettchen und Messer, Shaker, Rohrzucker, Eis, Stößel und noch ein paar Kleinigkeiten. Wenn kein DJ engagiert ist, kümmert sich der Barkeeper auch um die Musik.

Eine gastronomische Ausbildung in einem der drei klassischen Berufe (Restaurant- oder Hotelfach oder Koch), sagt Schwanitz, ist für die Tätigkeit am Tresen geeignet. Seiteneinsteiger, die in einigen Bars intern geschult werden, sind aber auch nicht selten. Er selbst hat zwei Jahre Fachgehilfe im Gastgewerbe gelernt und sich danach zum Hotelfachmann weiterqualifiziert. Das ging nicht ohne Fachkurse, zum Beispiel Getränkekunde in Theorie und Praxis, darunter das Gestalten der Karte. Offizielle Seminare führt auch die deutsche Barkeeper-Union einmal im Jahr in Rostock und Neuötting durch. Die Prüfung wird von der IHK anerkannt und öffnet schnell die Tür zu den besseren Cocktail- und Hotelbars.

Info-Box

Neben den offiziellen Prüfungen im Rahmen ihrer Barkeeper- und Barmeister-Kurse bietet die Berufsvereinigung Barkeeper-Union unter anderem interne Schulungen im internationalen Trainingscenter in Singapur an.

Deutsche Barkeeper-Union
Kottwitzstr. 11
20253 Hamburg
Tel.: (0 40) 4 20 97 55
Fax: (0 40) 4 22 03 14
www.dbuev.de

Die jährlichen Kurse und IHK-Prüfungen der Barkeeper finden in Mecklenburg-Vorpommern und Bayern statt:

Barschule Rostock
An der Jägerbäk 3
18069 Rostock
Tel./Fax: (03 81) 8 00 10 46

Bavaria Hotelberufsfachschule
Emmertinger Str. 12
84524 Neuötting/Alzgern
Tel.: (0 86 71) 70 01 22 03
Fax: (0 86 71) 70 01 10 62

Heidelberger Hotelfachschule
Buchwaldweg 6
69126 Heidelberg
Tel.: (0 62 21) 3 50 10
Fax: (0 62 21) 38 53 75
www.hotelfachschule-heidelberg.de

Kellner

Der Gast bestellt in einem feinen Restaurant: »Ich hätte gern das Filet à la carte, genau 200 Gramm, und nicht zu roh!« – »Sehr wohl, mein Herr, und welche Blutgruppe soll das Rind haben?«

Witze überhöhen die Wirklichkeit und bringen die verborgenen Absurditäten des Alltags präzise auf den Punkt. In wenigen Worten charakterisiert dieser Restaurantwitz das subtile Verhältnis von Service und Gast: »Ich muss in Sekunden abschätzen, welches Verhalten von mir erwartet wird«, erklärt Florian Hackmann, der im Berliner Restaurant Steffens die Gäste betreut. »Bei manchen brauche ich lange, um die Bestellung aufzunehmen, weil die sich mit mir auch unterhalten möchten – an anderen Tischen merke ich sofort: Ich störe eigentlich nur.«

Was ein Leitfaden des Schweizer Berufsverbands Association Suisse des Maîtres d'Hôtel Diplômes so ausdrückt: »Unsere Gastfreundschaft soll als oberste Zielsetzung Körper, Geist und Seele erfreuen.« Aufgabe eines Kellners ist daher: gute Laune verbreiten, der Nahrungsaufnahme ein angenehmes Umfeld verschaffen, den Marotten der Gäste entgegenkommen. Schließlich dient der Restaurantbesuch tagsüber eher dem Hungerstillen (Mittagspause!). Abends und nachts dagegen ist das Essengehen viel eher Lust auf Genuss, gesellschaftliches Ereignis und Anlass für Kommunikation.

Ganz nebenbei sollte ein Kellner auch in der Lage sein, eine Seezunge fachgerecht so zu zerlegen, dass der Gast anschließend nicht den Mund voller Gräten hat. Er muss den passenden Wein zum Hirschbraten empfehlen können oder einen Tisch den Regeln der gehobenen Gastronomie entsprechend feierlich eindecken können. Hackmann fügt hinzu: »Flexibel sein muss man in dem Job, jederzeit abrufbar, wenn ein Kollege ausfällt. Auch mal geteilten Dienst machen, also beim Mittagstisch für zwei Stunden einspringen und abends die volle Schicht durchziehen.«

Rein körperlich muss man für den Job geeignet, also fit sein. Stundenlanges Gehen und Stehen trainiert die Kondition. Kostenloses Fitnesstraining sozusagen. Auch Fitness für den Geist: Viele von Hackmanns Stammgästen kommen aus der Kulturbranche, sind Journalisten, Computerexperten, Leute von den Unis der Stadt: »Die erwarten, dass wir uns mit ihnen auch über tagespolitische Ereignisse, über Kunst, Literatur, Theater auseinandersetzen können.«

Um mehr über Service zu lernen, empfiehlt sich immer ein Blick in die USA. Auch hier arbeiten deutschsprachige Kellner, wie der Österreicher Hans Brink, Maître de im Spitzenrestaurant Tre Sette in Palm Springs, Kalifornien. Er empfängt seine wohlhabende Klientel aus Geschäftsleuten und Showstars mit höflicher Autorität und trägt seinen schwarzen Anzug, Hemd und Fliege wie ein Designeroutfit. Auf ein inhaltliches Gespräch lässt er sich nie ein, macht den Damen keine Komplimente zur Garderobe und spricht allenfalls einmal über die Hitzegrade, die die Wüste außerhalb des klimatisierten Restaurants am Tag erreicht hatte.

Brink hat den Service von der Pike auf in Schweizer Hotels gelernt. Heute allerdings schleppt er keine Teller mehr, sondern sorgt mit diskreter Kontrolle dafür, dass seine Untergebenen den schmalen Grat zwischen Freundlichkeit und zu intimen Gesprächen an den Tischen nicht verlassen, dass Wasser und Brot jederzeit bereitstehen, dass die Zahlkellner sich nicht verrechnen und kein falsches Gericht aus der Küche kommt. Auch Brink muss lange stehen, aber er rennt nicht mehr, er schreitet.

Wenn weder eine exzellente Bezahlung noch geregelte Arbeitszeiten für den Job sprechen – warum arbeiten Leute als Kellner?

Für Brink, der aus einem kleinen österreichischen Bergdorf stammt, bietet dieser Beruf den Weg in die weite Welt: »Ich kann überall arbeiten, wo es schön ist.« Und wer so lange in der Branche ist wie er, verrät Brink, schätzt mittlerweile die späten Arbeitszeiten und das ausgiebige Nachtleben, das sich anschließt. Hackmann ergänzt: »Ich bin eben ein Genießer und habe gern mit gutem Essen zu tun.« Wichtiger aber sind ihm die vielen Menschen, mit denen er in Berührung kommt, mitunter »spannende Leute, von denen man ganz nebenbei auch fürs Leben lernen kann«. Was Hackmann bereits heute perfekt beherrscht: Bei Dienstbeginn gegen 18 Uhr »schlagartig gut gelaunt sein«.

Apropos Dienst: Der Unterschied zwischen einem guten und einem schlechten Kellner liegt in der Einstellung zum Job. Schlechte Kellner verstehen sich als Diener oder Laufburschen – gute Kellner als souveräne Gastgeber.

Info-Box

Der Servicebereich bietet eine Fülle von Betätigungsmöglichkeiten in Restaurants, Cafés und Bistros mit den unterschiedlichsten Konzepten, Jobs für Anfänger, Aushilfskräfte und Profis. Auch Messen und Ausstellungen, Veranstaltungshallen und Eventagenturen bieten Einsatzmöglichkeiten. Eine Sammlung von Jobbörsen im Internet bietet der Deutsche Hotel- und Gaststättenverband unter: www.dehoga.de

Türsteher

Das Nachtleben ist bunt, vielfältig und mitunter schrill und extravagant. Das macht die Jobs für viele attraktiver als jeden Tag auf dem Amt mit denselben Büromenschen zu tun zu haben. Im Schutz der Dunkelheit zeigen sich neben dem üblichen Publikum auch Verrückte, Außenseiter und Troublemaker. Damit alles in halbwegs geordneten Bahnen verläuft und trotzdem nicht langweilig und reglementiert wirkt, gibt es Sicherheitsleute und Türsteher wie

Jörg Matuschak. Viermal pro Woche arbeitet er an der Tür von Diskotheken, Clubs und bei Konzerten, Privatfeiern und Box-kämpfen. »Dafür braucht man erstmal ordentliche körperliche Ausmaße und eine passende Ausstrahlung«, beschreibt er die Vo-raussetzung für die Tätigkeit am Einlass. Viel wichtiger allerdings sei ein gutes Gespür für den Umgang mit den unterschiedlichsten Menschen. »Ich bin hier Sozialarbeiter, Psychologe und Türsteher in einem«, sagt Matuschak und warnt: »Wer dagegen als Door-man den fiesen Gorilla raushängen lässt, vergrault die zahlende Kundschaft.«

Das wiederum freut keinen Veranstalter, und in Folge bleiben die Aufträge aus. Deshalb ist es im eigenen Interesse des Doorkee-pers, alle Gäste erstmal neutral und höflich zu behandeln und je-dem mit »Hallo« und »Tschüss« zu begegnen. »Ich muss aber auch genau wissen, wann ich lauter werden oder ohne Ansage was tun muss.« Privaten Ärger mit Freundin, Auto oder Vermieter soll-te ein Türsteher daher in jedem Fall zu Hause lassen. »Wer ständig dabei ist, schnelle Entscheidungen zu treffen, muss sich erstmal selbst gut im Griff haben. Man darf seinen Ärger nicht an Leuten auslassen, die nichts dafür können«, sagt Matuschak.

Im Gegensatz zu manchem Türsteher in Schwabing oder an der Alster ist Matuschak nicht dafür zuständig, Leute nach Garderobe und Frisur auszusieben. Egal, ob jemand lange oder keine Haare und welche Kleidung er am Leibe hat – er guckt den Leuten ins Ge-sicht. Daher der Begriff Gesichtskontrolle. Ob Techno- oder Hou-se-Freak, Psychobilly, Punk oder Glatze ist ihm egal. Überhaupt sollte man als Türsteher eher einen gelassenen Charakter mitbrin-gen, meint Matuschak. Vor allem, wenn es Ärger gibt: Wild ge-wordene Gäste drohen unter Alkoholeinfluss schnell mit einer Kla-ge wegen Körperverletzung. Auf die Unterstützung der Polizei sollte man da nicht bauen: »Wer nicht allein in der Lage ist, im Ernstfall Gäste zu entfernen, ist im falschen Beruf.«

Obwohl Matuschak wie alle Türsteher für den Fall des Falles eingekauft ist, mag er selbst lieber die Ruhe: »Ich freue mich, wenn alles flutscht, alle Beteiligten zufrieden sind und überflüssiger Stress ausbleibt.« Was ihn dagegen nervt, sind Nikotinschwaden und wenn er bei fünf Grad minus die ganze Nacht vor der Tür oder im zugigen Eingangsbereich stehen muss. »Oder wenn Du im Sommer morgens um acht aus dem Laden kommst, die Sonne scheint, und du kannst nicht schwimmen gehen, sondern musst dich einfach hinlegen.« Natürlich lebt man als Türsteher in einem anderen Rhythmus als der Rest der Welt.

Als Jugendlicher war Matuschak aktiver Leichtathlet, später stieg er auf Kraftsport und Kickboxen um. Beim Training hat ihn dann ein Veranstalter angesprochen. »Davor war ich auf dem Bau, aber das fand ich von Anfang an öde. Heute habe ich viel mit ganz unterschiedlichen Leuten zu tun, es gibt immer action, und die Arbeitszeiten gefallen mir auch besser als beim Betonmischen.« Matuschak selbst ist übrigens reiner Teetrinker.

Info-Box

Viele Informationen, Literaturtipps und News rund um die Arbeit von Sicherheitskräften gibt es unter: www.tuersteher.de

Koch

Wenn Fernsehköche wie der legendäre Clemens Wilmenrod seine Zuschauer mit einem jovialen »Ihr lieben, goldigen Menschen« begrüßt oder Johann Lafer routiniert vorführt, wie ein Stück kalte Butter die Fleischsauce sämig werden lässt, dann zeigt diese entspannte Kochkunst doch nur die halbe Wahrheit über den Beruf.

Wer privat gern und gut kocht, sollte sich trotzdem keinen Illusionen über den Job der Profis hingeben, meint Achim Spreen, der schon in Berliner Institutionen wie dem Exil oder dem Borchart's in der Küche stand. »Von zehn Essen, die rausgehen, müssen auch zehn Essen schmecken.« Neben der Lust am Genießen und Kreieren sollten angehende Köche auch Organisationstalent und Stressresistenz mitbringen, empfiehlt Spreen: »Timing ist in dem Job alles!«

Während der Lehre wird trainiert, »beide Hände zu gebrauchen und sinnvoll für die Arbeit einzusetzen«. Drei bis fünf Jahre als Commis lehren die besten Rezepte der Küchenmeister und die effiziente Vorbereitung des Arbeitsalltags. Laut Spreen zeichnen sich gute Köche dadurch aus, dass sie unter Zeitdruck wenig Fehler machen und ihre Gäste zuverlässig zufrieden stellen. Restaurants leben schließlich mehr von Mundpropaganda als von gelegentlichen Gastrokritiken in den Medien.

Das A und O für die selbstständige Küchenarbeit ist eine gute Vorbereitung. Für Spreen beginnt der Dienst gegen 15 oder 16 Uhr mit Vorbereitungen für die A-la-carte-Gerichte – Gemüse wird vorgekocht, ebenso Geschmortes, Saucen oder Desserts. »Kein Gast wartet abends gern eine Stunde auf einen frisch zubereiteten Coq au Vin, da werden nur Beilagen auf den Punkt gegart«, erklärt er. Auch erstklassige Restaurants und Hotels nutzen heute spezielle Tiefkühlangebote oder so genannte Convenience-Produkte (Fertigprodukte wie beispielsweise eine Leberpastete, die nicht notwendig gefroren sind). Nur qualitativ annehmbar müssen sie sein. »Alles frisch zuzubereiten, dafür bräuchte man wohl eine riesige Küchenbrigade«, schätzt der Profi.

Große Hotels oder Sterneköche leisten sich auch diesen Aufwand. In Starkoch Witzigmanns Tantris in München zum Beispiel arbeiteten Jungköche »für 'n Appel und 'n Ei, nur des Zeugnisses wegen.« Gehobene Restaurants der Normalkategorie kommen dagegen am Abend mit zwei Köchen und einem Spüler zurecht. »Spüler ist ein guter Job, um Einblick in die Küchenarbeit zu bekommen. Ich kenne Köche, die haben so angefangen, ganz ohne Lehre. Die haben nebenbei Gemüse geschnippelt, dann auch mal den Garde manger gemacht.« Die Küchensprache ist Französisch: Appetithäppchen heißen amuse-geule, eine Brühe ist eine bouillon, und der Garde manger kümmert sich um die kalte Küche, richtet Salate und kalte Vorspeisen an.

Kochen ist Teamarbeit: Zwei, drei Leute beschäftigen sich mit einem Teller, müssen mit ihren Arbeiten auf die Sekunde gleichzeitig fertig werden. Außer dem Garde manger arbeiten in der Hierarchie großer Küchen der Entre metier, zuständig für die Beilagen wie Gemüse, Sättigungsbeilagen und vegetarische Gerichte, der

Saucier, der Fleischkoch und der Patissier, der Süßspeisenkoch. Manche Restaurants haben auch einen eigenen Küchenmetzger, der Fleischteile fachgerecht und somit verlustarm zerlegt und die Filets oder Geflügel aufs Gramm genau portioniert. In großen Küchen leiten diese Chefs de Partie jeweils einige Commis und Lehrlinge an, kochen ihre Gerichte aber auf Anweisung der Chefs. Der Küchenchef beziehungsweise sein Stellvertreter, der Sous Chef, sind für die Organisation, die Zusammenstellung des Teams und letztlich die Qualität der Speisen verantwortlich. Außerdem stehen sie dem Team mit Rat und Tat zur Seite.

»Kochen ist ein Knochenjob«, weiß Spreen aus Erfahrung. »Mit zunehmendem Aufstieg und Alter muss man dann weniger körperlich arbeiten, dafür mehr organisieren und Verantwortung übernehmen. Planung für eine Profiküche beginnt bei der Gestaltung der Speisekarte. Zunehmend ändern die Restaurants ihre Menus täglich oder wöchentlich, das Grundkonzept dafür entwirft der Wirt selbst, die einzelnen Positionen stellt der Koch respektive Küchenchef zusammen: »Kein Außenstehender kann richtig einschätzen, wie viele und welche Arbeitsabläufe für die Küche in einer Karte stecken«, sagt Spreen.

Der Herd darf nicht überlastet sein, also braucht man auch Menus aus dem Ofen. Ein gehöriger Anteil an vorgegarten Gerichten oder Beilagen entlastet die Abendarbeit. »Wenn die Karte falsch aufgebaut ist, wenn ich unter Zeitdruck gerate, fange ich an zu schludern, dann leidet zwangsläufig die Qualität.« Denn der Gast draußen wartet. In einem voll besetzten Restaurant verlassen die Teller die Küche im Minutentakt.

Und jeder dieser Teller bedeutet für Spreen ein direktes Erfolgserlebnis. Das unmittelbare Feedback der Gäste macht für ihn den Reiz am Kochen aus – deshalb legt er Wert darauf, nur Qualität anzubieten. Die beginnt bei der Bestellung erstklassiger Ausgangsprodukte (auch dafür sind Köche zuständig) und endet noch nicht beim Einsatz kreativer Rezepte. Eine seit 1997 bestehende Gruppe exzellenter junger Köche, die sich junge wilde nennt, hat solche Programmatik auf den Punkt gebracht. Das Kürzel W.I.L.D. übersetzen sie mit »weltoffen, individuell, lustvoll, durchdacht«. Im Internet suchen sie Gleichgesinnte für gemeinsame Koch-Abenteuer mit »auf den ersten Blick verrückten Kombinationen und vor allem: dem dringenden Wunsch, Spaß zu haben und dabei etwas Neues zu entwickeln«.

Dabei wollen wir aber nicht vergessen, dass Abenteuer auch die Mühen der Ebene umfassen: »Der Koch kümmert sich um die Ware, die Arbeitsfläche und die Vorderseite des Kühlschranks. Eine Stunde putzen und räumen ist normal«, fasst Spreen die Routine gegen Mitternacht, am Ende seiner Spätschicht, zusammen.

Info-Box

Die Interessen der Köche vertritt:

Verband der Köche Deutschlands
Steinlestr. 32
60596 Frankfurt/M.
Tel.: (0 69) 6 30 00 60
Fax: (069) 63 00 06 10
www.vkd.de

Rezepte, die der Verband empfiehlt, finden sich unter: www.chefkoch.de

Kochen im Internet:

www.junge-wilde.de: Vereinigung junger, kreativer Koch-Köpfe (mit Rezepten)
www.rezeptzentrum.com: mehr als 100 000 internationale Rezepte
www.gastroline.de: Koch-Seminare
www.Frank-Buchholz.de: Promi-Koch, bekannt aus der Sendung *Kochduell* auf Vox, bietet auch Kochseminare an

In vielen Cafés und Bistros kochen auch Laien. Eine gute Gelegenheit, das eigene Können unter Beweis zu stellen. Auch Veranstalter von Gruppenreisen bieten Jobs für Hobbyköche, zum Beispiel www.ruf.de.

Croupier

Wer an eine Spielbank denkt, hat schnell Bilder von großer Abendgarderobe im Kopf, zu besichtigen unter anderem in Baden-Baden, Monaco, Las Vegas und zahllosen James-Bond-Filmen. In der Regel gibt es im Freizeitoutfit mit Jogginghose und Turnschuhen auch für Promis keinen Einlass. Die Drinks, der Schmuck, die Accessoires (Zigarettenspitze!), der Spaß am Zocken – all das braucht als Kulisse die späte Stunde und die Atmosphäre der Dunkelheit.

Croupier ist ein Job für Nachteulen mit flinken Fingern und hellwachem Geist. Mit dem ungeübten Auge nämlich ist das Spiel der Jetons kaum zu verfolgen: In Sekundenschnelle legt der Tischcroupier die Spielsteine beim Aufnehmen am Roulettetisch in eine Reihe, um sie wieder zu einem Türmchen zusammenzuschieben. Dann schnippt er die Chips kunstvoll in die Luft – und die wertvollen Plättchen landen exakt auf einer Zahl: auf der Zahl, die ihm einer der vielen Spieler um seinen Tisch zugerufen, zugeflüstert oder angedeutet hat.

Was leichtfüßig daherkommt, ist harte Arbeit. Karl-Joseph Fess hat lange mit den Händen geübt. Auch sein Gedächtnis hat er mit Zahlenreihen und -kombinationen trainiert. Immerhin geht es um Geld, um viel Geld, und zwar das von fremden Menschen, mit dem der Spielbankmitarbeiter hantiert. »Ich muss mir merken, für wen ich welche Summen wo gesetzt habe«, so der Wiesbadener Croupier. Abgesehen von den Gewinnkombinationen beim Roulette, Poker und Baccara. Die sind mittlerweile in seinem Kopf einprogrammiert.

Fess trainiert seit 1972 im schwarzen Smoking. Damals hatte er seinen ersten Job als Aushilfs-Croupier in der Spielbank Bad Dürkheim. Das lief neben dem Studium, denn eigentlich wollte der gelernte Elektro-Installateur nach seinem Abi an der Abendschule Innenarchitekt werden. Doch bei einem Nebenjob als Barmann lernte er einen Croupier kennen, der ihm das erste Engagement in der Spielbank besorgte. »Mir hat gefallen, dass ich zum Aufstehen nie einen Wecker brauchte«, erzählt er. Und so blieb er dabei, bewarb sich bei der Spielbank Hannover um seine erste Festanstellung und ließ sich professionell ausbilden.

Die Croupiers werden von den Spielbanken selbst geschult. In hausinternen Lehrgängen beginnt man mit Theorie: In Vormittags- und Abendkursen erlernen die Jung-Croupiers die Regeln der wichtigsten Casino-Spiele, vom Roulette über Black Jack und

Baccara bis hin zum Poker. Und abends, während der normalen Arbeitsschicht, wird das Erlernte gleich in die Praxis umgesetzt.

Das Anforderungsprofil an einen angehenden Croupier ist hoch. »Die meisten Spielbanken setzen mindestens Realschulabschluss voraus. Aus einem einfachen Grund: Croupiers müssen ein sehr gutes mathematisches Gedächtnis haben und auf jeden Fall eine Fremdsprache beherrschen«, sagt Fess, der heute selbst Schulungen gibt. Das Mindestalter liegt bei 21 Jahren. Ein Anwärter braucht einen einwandfreien Leumund, ein makelloses polizeiliches Führungszeugnis und geregelte finanzielle Verhältnisse.

Außerdem werden motorische Fähigkeiten verlangt und in den Unterrichtsstunden fortwährend trainiert: das Handling der Jetons, das Auftreten am Spieltisch, der Umgang mit den Casinogästen sowie das persönliche Erscheinungsbild. Ein guter Croupier darf denn auch keine Berührungsängste haben, muss ausgesprochen kommunikativ sein. »Höfliche Umgangsformen sind ein absolutes Muss in dem Beruf«, so Fess.

Der Kontakt zu den Menschen – darin liegt für den Croupier der Reiz seiner Tätigkeit: »An den Spieltischen treffen sich 21- bis 101-Jährige, Menschen, die Unterhaltung suchen, aber auch Spielsüchtige. Ich kenne kaum einen anderen Job, in dem man so viele verschiedene Charaktere erlebt. Und das in extrem emotionalen Situationen.« Bei Stammkunden wird dieser Kontakt manchmal sogar vertraulich oder freundschaftlich. »Eine ältere Dame verriet mir, dass sie alle Spielquittungen aufbewahrt und diese an ihre Kinder vererben wird – als Zeichen dafür, dass sie sich nie um sie gekümmert haben. Eine andere Frau hat mich vor einiger Zeit zu der Hochzeit ihrer Tochter eingeladen«, so Fess. Früher zählten persönliche Begegnungen zu den schlimmsten Fauxpas der Angestellten. Heute wissen die Spielbanken, dass die Kommunikation mit den Gästen zum guten Ton gehört. »Wir sind eben Dienstleister«, betont der Tisch-Chef.

Gedankt wird den Angestellten der Casinos diese Freundlichkeit mit Trinkgeldern, die am Spieltisch in den so genannten Tronc gesteckt werden. Aus diesem Fond wird das Gehalt der Spielbankmitarbeiter gezahlt. Das Einkommen richtet sich allerdings nicht mehr nach dem, was im Trinkgeld-Topf ist. Heute gibt es Haustarife. Ein Anfänger bekommt im Schnitt 1 200 Euro. Als Profi kann man zwischen 2 500 und 3 000 Euro verdienen. Doch die Zeiten, da die Trinkgelder so hoch waren, dass es für die Einkünfte der Angestellten reicht, sind längst vorbei. Mittlerweile zahlt die Spielbank die fehlende Summe in den Tronc ein. »Nur einmal ist es passiert, dass ein Gast mir einen 5 000-Euro-Jeton Trinkgeld zuwarf. Der Mann hatte 150 000 Euro gewonnen – und uns mit dem Chip für sein Glück gedankt«, erzählt Fess.

Solche Erfahrungen, andere persönliche Begegnungen und lustige Erlebnisse entschädigen Fess für die Entbehrungen, die die Nachtarbeit mit sich bringt. »Zu Beginn der Karriere wird ein Arbeitstag durch die Schulungen zusätzlich zur normalen Schicht schnell 12 bis 15 Stunden lang«, so Fess. Da ein Croupier entweder um 14 oder um 20 Uhr zu arbeiten beginnt (die letzte Runde beginnt in vielen Casinos um 2.45 Uhr), wird die Pflege von Freundschaften schwer. »Das soziale Umfeld verändert sich und es kostet Kraft und Anstrengungen, Beziehungen zu pflegen.« Wie er es geschafft hat? »Ich habe in meinem Beruf das große Glück, drei Tage in der Woche frei zu haben. Diese Zeit nutze ich ganz intensiv, organisiere Treffen mit meinen Freunden«, sagt Fess. Und er macht Sport. »Ich fahre viel Rad und mache Gymnastik. Das hält mich fit, denn Nachtarbeit geht ohne einen Ausgleich auf Dauer an die Substanz.«

Info-Box

Bei den Spielbanken finden in regelmäßigen Abständen Ausbildungslehrgänge statt. Infos bei den Personalstellen der Spielbanken (Liste über www.casino-news.de).

Die größten Spielbanken in Deutschland:

Casino Baden-Baden
Kaiserallee 1
76530 Baden-Baden
Tel.: (0 72 21) 2 10 60
Fax: (0 72 21) 21 06 54
www.casino-baden-baden.de

Spielbank Hannover
Osterstraße 40
30159 Hannover
Tel.: (05 11) 98 06 60
Fax: (05 11) 9 80 66 51
www.spielbank-hannover.de

Spielbank Berlin
Marlene-Dietrich-Platz 1
10785 Berlin
Tel.: 0 30/ 2 55 59 90
Fax: 0 30/ 25 59 91 09
www.spielbank-berlin.de

Spielbank Wiesbaden
Kurhausplatz 1
65189 Wiesbaden
Tel.: (06 11) 53 61 00
Fax: (0611) 53 51 99
www.spielbank-wiesbaden.de

Spielbank Bad Neuenahr
Felix-Rütten-Straße 1
53474 Bad Neuenahr
Tel.: (02 64 1) 7 57 50
Fax: (02641) 75 75 75
www.spielbank-bad-neuenahr.de

Die Saarland Spielbanken bieten in ihrer Akademie für Spieltechnik, Management und Casinoservice (kurz: CaSiMa) eine neunmonatige Ausbildung zum Croupier als Grundkurs an:

Saarland Spielbanken
Saaruferstraße 17
66117 Saarbrücken
Tel.: (06 81) 5 80 14 02
Fax: (06 81) 5 80 14 44
www.casima.de

Szene-Promotion

Jeder Nachtschwärmer kennt die Situation: Abends in der Kneipe bietet einem unverhofft ein fremder Mann, eine fremde Frau Zigaretten an. Dabei handelt es sich nicht etwa um plumpe Anmache – vielmehr um die Promotion-Aktion einer Zigarettenfirma. In diesem Fall genannt: Szene-Promotion. Nach einer zuvor ausgearbeiteten Route ziehen Promoter durch das Nachtleben und lassen die Gäste den blauen Dunst mit der neuen Geschmacksnote probieren. Die Bereitschaft dazu wird mit Gratis-Zigaretten und Kugelschreibern oder Ähnlichem belohnt.

Neben klassischen Promotion-Aktionen wie den Probeabonne-

ments von Zeitschriften oder den Gratiskassetten von Nachwuchs-
bands, die auf Konzerten verteilt werden, lassen sich entsprechende Agenturen auch außergewöhnliche Aktionen einfallen: Für
den Gruselsender *13th Street* verschenkte die Nürnberger Promo-
tionagentur Litomobil beispielsweise schwarze Rosen und Taschen-
tücher in Kneipen und Diskotheken und verteilte Drohbriefe mit der
Aufschrift »Wir kriegen euch alle«.

Natürlich gibt es Promotion auch während des Tages: Eine mobile Litfasssäule, aus der Passanten urplötzlich ein Werbezettel ent-
gegengestreckt wird, ist möglich. »Die Promotion ist ein sehr breit
gefächertes Feld. Man erfährt viel über die unterschiedlichsten
Branchen und Produkte. Und man lernt wahnsinnig viele Leute
kennen«, erklärt Viola Hoessgen, Beraterin bei Litomobil. Für den
Reiseveranstalter LTU hat sie mit ihren Kollegen eine mobile Pla-
katwand entwickelt, die von zwei Promotern durch die Stadt gezo-
gen wird (»Wer sein Plakat liebt, der schiebt.«). Der Clou: in der
hauseigenen Schneiderei gefertigte Superman-ähnliche Kostüme
mit Aufschrift »Strandman«.

Hoessgen hat selbst als Promoterin angefangen. Daher weiß sie,
dass vor allem Kontaktfreude wichtig ist. »Für die meisten Jobs in
der Promotion muss man in der Lage sein, auch von sich aus auf die
unterschiedlichsten Leute zuzugehen und sie einfach anzusprechen.
Dann kommt eine Reaktion, und man muss sich blitzschnell darauf
einstellen können.« Und sie nennt als Beispiel eine sehr erfolgreiche
Promotion-Aktion für eine holländische Tabakmarke. Dabei wurden nur Holländer und Holländerinnen eingesetzt, die sich in Kneipen und Bars zunächst mit ihrem Namen vorstellten, sagten, dass
sie aus den Niederlanden kämen und fragten, ob sie sich dazusetzen
dürften. »Das kam allein wegen des Akzents einfach unheimlich gut
an«, berichtet Hoessgen.

In der Kartei von Litomobil finden sich fast 800 Promoter, teilweise mit Spezialkenntnissen. Diese werden in Verkaufsaktionen
eingesetzt, in denen viel Beratung nötig ist. Alle Promoter werden
in hauseigenen Schulungen auf den jeweiligen Einsatz vorbereitet.
Ein sicheres und gepflegtes Auftreten ist selbstverständlich. Wer
Angst hat, allein in eine fremde Stadt zu fahren, ist bei den bundes-
weiten Aktionen fehl am Platz. Zuverlässigkeit, Mitdenken, Initia-

tive, das sind weitere Eigenschaften, die sich Hoessgen von ihren Promotern wünscht. Und wenn vor Ort nicht alle Details genau stimmen, dann muss man improvisieren können. Die unregelmäßigen Arbeitszeiten werden durch den Spaß an originellen Aktionen wettgemacht: »Außerdem arbeitet man im Team, ist viel unterwegs und ständig am Kommunizieren. Langweilig wird es jedenfalls nie«, erklärt Hoessgen.

Info-Box

Promotion (deutsch: Verkaufsförderung) ist eine klassische Disziplin des Marketing. Die Marketingbranche ist organisiert im:

Zentralverband der Werbewirtschaft
Villichgasse 17
53177 Bonn
Tel.: (02 28) 82 09 20
Fax: (02 28) 35 75 83
www. zaw.de

Die Agenturen haben sich organisiert im:

Gesamtverband Werbeagenturen
Friedensstr. 11
60311 Frankfurt/M.
Tel.: (0 69) 2 56 00 80
Fax: (0 69) 23 68 83
(hier findet sich auch ein Verzeichnis der Agenturen, die sich auf Verkaufsförderung spezialisiert haben)

Fachzeitschriften:

Werben & Verkaufen, Horizonte

Ausbildung gibt es an Hochschulen und privaten Instituten, zum Beispiel:

Marketing-Akademie Hamburg	Werbefachschule Niedersachsen
Barkhausenweg 11	Lange Laube 2
22339 Hamburg	30159 Hannover
Tel.: (040) 5 36 99 10	Tel.: (05 11) 1 72 11
Fax: (040) 53 69 91 41	Fax: (05 11) 1 59 52
www.marketingakademie.de	www.norddeutsche-akademie.de

Bayerische Akademie für
Werbung und Marketing
81667 München
Tel.: (0 89) 48 09 09 10
Fax: (0 89) 48 09 09 19
www.baw-online.de

Dieter Pflaum, Hartmut Eisenmann, Richard Linxweiler, *Verkaufsförderung. Erfolgreiche Sales Promotion,* Lahnstein, 2000.

Nachtfotograf

Tagsüber knipsen Fotografen Bewerbungsfotos, Hochzeitsbilder und Familienporträts. Dem Nachtfotograf dagegen geht es um die Atmosphäre des Augenblicks – nicht um perfekt geschminkte Gesichter und Aufstellungen fürs Foto. Leute wie Rafael fangen den ganz besonderen Moment als Schnappschuss ein. Sein Studio sind die Cafés, Kneipen und Clubs der Großstadt. Geöffnet ist sein Atelier von 21 Uhr bis gegen ein oder zwei Uhr morgens.

Barkeeper, Türsteher und Stammgäste kennen Rafael und schätzen den Selfmade-Mann wegen seines herzlichen und nie aufdringlichen Auftretens. Die Motive des Berliners sind Tanzmäuse, Nachteulen und Exzentriker, die sich in der Dunkelheit auf die Straße trauen. Dazu frisch Verliebte im schummrigen Licht, die Frauenrunde beim Cocktail an der Bar oder der dunkelhaarige Schönling mit seiner neuen Eroberung im Arm – in Sekundenschnelle hält Rafael mit seiner Sofortbildkamera die Szenen der Nacht fest.

Vorher wird das Geschäft zwischen ihm und dem Kunden besiegelt. Oft schon durch den ersten Blickkontakt oder ein kurzes Nicken. Manchmal wird aber auch hart über den Preis verhandelt. Unter 5 Euro läuft nichts. Dafür wird die Erinnerung an den damit hoffentlich unvergesslichen Abend stilvoll in einem Briefumschlag überreicht. Ein Plus, das Rafael von der Konkurrenz unterscheidet. »Ich habe in den Job investiert. Die Kamera zum Beispiel ist das neueste Modell auf dem Markt, verhindert rote Augen.« Und die Anschaffung hat sich gelohnt: An einem normalen Wochentag verknipst er im Schnitt sechs Filme mit je zehn Bildern. Im Sommer können es an einem Samstag bis zu 80 Filme werden.

Ein so gutes Geschäft macht aber nur, wer auf fremde Menschen zugehen kann. »Hemmungen darf ich natürlich nicht haben«, bestätigt Rafael. »Die Kunst liegt darin, die Menschen nicht zu bequatschen. Man muss ihnen ein Produkt verkaufen, ohne dass sie das Gefühl haben, es ginge nur ums Geld.« Das Geheimrezept des gebürtigen Persers: »Ich habe immer ein Lächeln auf meinen Lippen. Aber das auch nur, weil ich nachmittags geschlafen habe.« Was er an dem Job schätzt: »Nachts bin ich mein eigener Chef. Keiner sagt mir, was ich zu tun habe, was ich lassen soll. Außerdem bin ich ständig unter Menschen und mittendrin im Leben.«

Info-Box

Auch ein Nachtfotograf braucht einen Gewerbeschein. Dafür muss man persönlich einen Antrag beim Gewerbeamt seines Heimatortes stellen oder zur Gewerbemeldestelle des Ordnungsamts gehen. Gegen eine geringe Gebühr bekommt man dort den Gewerbeschein. Die Daten werden automatisch an das Finanzamt, die Industrie- und Handelskammer beziehungsweise die Handwerkskammer und das Gewerbeaufsichtsamt weitergeleitet.

Sommelier

»In vino veritas« – im Wein liegt Wahrheit. Und die wiederum liegt bekanntermaßen meist im Dunkeln. Kenntnis und Geschmack von guten Weinen werden von Kennern gern zu einer Art Geheimwissenschaft stilisiert. Daher kann es vorkommen, dass »Otto Normalverbraucher« Berührungsängste mit der Sache hat. Diese Barrieren abzubauen ist das persönliche Berufsziel von Sommelier Hendrik Thoma. Sein Wissen teilt er daher auch gern in Zeitungskolumnen mit und gibt Weintipps in Kochsendungen. Sein Rat: »Trinken, trinken, trinken, und darüber einen guten Geschmackssinn entwickeln.« Thoma ist seit 1996 Sommelier im Hotel Louis C. Jacob an der

Elbchaussee in Hamburg. Der Jungstar überwacht einen der umfangreichsten Weinkeller der Hansestadt mit etwa 950 Positionen, der vom Metternich-Führer mit der höchsten Benotung, fünf von fünf goldenen Flaschen ausgezeichnet wurde – ein Verdienst des Sommeliers. Denn er kauft Weine und andere Spirituosen ein, erstellt die Getränkekarte, betreut die Kellner und berät die Gäste. Üblicherweise ist der Sommelier außerdem für die Zigarren und eigentlich auch für den Käse zuständig. Diese Aufgaben hat Thoma allerdings abgegeben, um sich ganz den Weinen zu widmen.

Sommeliers im klassischen Sinne sind zuständig für Einkauf, Lagerung und Beratung der Gäste in Sachen Wein. Unter ihnen gibt es fast so viele Männer wie Frauen. Die heißen dann Sommelière und die wohl bekanntesten unter ihnen sind die Münchnerin Paula Bosch, ehemaliges Jurymitglied beim bekanntesten deutschen Restaurant- und Weinführer *Gault Millau* und die Kölnerin Christina Fischer, die von der Herforder Felsenkeller Brauerei zur Wirtin des Jahres 2000 gekürt wurde.

In der einjährigen Ausbildung bekommen künftige Weinkellner die nötigen Kenntnisse vermittelt. Doch die Kunst eines Sommeliers misst sich nicht nur an seinem Wissen, sondern auch an seiner Menschenkenntnis. Er muss sich auf seinen Gast einstellen können, im Gespräch herausfinden, welcher Wein der richtige für ihn oder sie ist. »Mein Ziel besteht nicht darin, den teuersten Wein zu verkaufen, sondern den, der am besten passt«, so Thoma. Das hänge von persönlichen Vorlieben, dem bestellten Essen, aber natürlich auch vom Portemonnaie des Gastes ab.

Thomas Werdegang begann als Koch in seiner Heimatstadt Gütersloh, im Parkhotel, und später im Hamburger Landhaus Scherrer. Vor der Ausbildung müssen künftige Sommeliers Erfahrung in der Gastronomie vorweisen und ein Praktikum in einem Weinbaubetrieb absolvieren. Thoma hat während eines zweijährigen Aufenthalts in der Auberge du Soleil im kalifornischen Napa Valley und auf dem Weingut Cain Cellars in St. Helena seine ersten Erfahrungen gesammelt. Es folgten ein weiteres Praktikum auf dem Johannishof im Rheingau und eine einjährige Ausbildung zum Sommelier an der Heidelberger Hotelfachschule.

Thoma ist viel herumgekommen. »Reiselust ist eine Grundvo-

raussetzung für diesen Beruf.« Auch heute ist er mindestens alle
zwei Monate für einige Tage auf Weinproben unterwegs. »Nur so
kann man den Überblick behalten.« Seine Erfolgsbilanz gibt ihm
recht: 1999 wurde er vom *Gault Millau* mit dem Titel Sommelier
des Jahres ausgezeichnet. Kurze Zeit später schaffte er die Prüfung
zum Master Sommelier. »Aber ich bin kein Weinsnob, sondern
einfach ein bekennender Genussmensch.«

Das ist auch Arndt Köbelin, erster Kellermeister der Winzerge-
nossenschaft Durbach am Kaiserstuhl und Herr über drei Millionen Liter Wein. Er ist überzeugt, dass der Weingenuss zur späten
Stunde gehört: »Schließlich ist der Geist des Weins ein intellektuel-
ler Zeitgenosse, von dem man sich am besten nachts auffangen lässt.
Wenn die Arbeit getan ist, kann man unbeschwert neue Pläne
schmieden.« Beim zweiten Achtel nach dem Abendessen kommen
ihm die besten Ideen. Er notiert sich beim Trinken Stichworte, nur
für den Fall, dass der Abend länger wird und die Ideen am nächsten Morgen wieder verschwunden sind.

Info-Box

Ein Ausbildungsjahr zum Sommelier gibt es bei:

Heidelberger Hotelfachschule
Buchwaldweg 6
69126 Heidelberg
Tel.: (0 62 21) 3 50 10
Fax: (0 62 21) 38 53 75
www.hotelfachschule-heidelberg.de

Laienseminare, aber auch die hochkarätige Ausbildung zum *Master of
Wine* bieten:

Weinakademie Österreich
Hauptstr. 31
A- 7071 Rust
Österreich
Tel.: 00 43 (26 85) 68 53
Fax: 00 43 (26 85) 64 31
www.weinakademie.at

Wine & Spirit Education Trust:
1 Queen Street Place
London EC4R 1QS
Großbritannien
Tel.: 00 44 (20) 72 36 35 51
Fax: 00 44 (20) 73 29 87 12
www.wset.co.uk

Fachzeitschriften:

Alles über Wein, Vinum

Weitere Jobs im Nachtleben

Erlebnisgastronomie

Mit Essen allein ist es für Menschen, die abends etwas erleben möchten, oft nicht mehr getan. Angebote, die aus dem Essen ein Event machen, gibt es zuhauf. Eines davon findet sich im Filmpark Babelsberg in Potsdam. Hier wird gespeist in der Welt von König Artus' Tafelrunde und Prinz Eisenherz, die gegen Drachen, Riesen, Zwerge und das Ungerechte kämpften. In Rittersaal (250 Eichenstühle), Biergartenbastion (200 Plätze) und Verlies können die Gäste zwischen Originaldekorationen aus Fantasyfilmen, Waffensammlung, Rüstungen und Requisiten speisen. Das Ganze ist nicht etwa nur für Kindergeburtstage gedacht. Jubiläen, Firmenfeiern, Hochzeiten und Präsentationen wurden hier schon abgehalten. Neben Dutzenden von Servicekräften werden auch Gaukler, Spielleute und Minnesänger beschäftigt. Zusätzlich sind Köche, die sich auf mittelalterliche Küche spezialisiert haben, im Einsatz. Einmal monatlich finden auch Highlanderabende, Schlachtfeste oder Ritterspektakel statt.

Erlebnisrestaurant Prinz Eisenherz
August-Bebel-Straße 26
14482 Potsdam
Tel.: (03 31) 7 21 27 17
Fax: (03 31) 7 21 27 33
Dort erhält man auch den Veranstaltungskalender 2001.

Auf Erlebnis setzt auch Hans-Peter Wodarz, Gastgeber der Gastroshow *Pomp Duck And Circumstance*, die mit einer wilden Mischung aus krossem Entenbraten und perfekter Kleinkunst das Publikum in New York und Berlin anlockt. Einige Gäste müssen zum Beispiel fürchten, dass ihnen gleich zum Auftakt englische Akrobaten in die Suppe fallen – was noch nie geschehen ist, aber kann man's wissen? Wodarz dirigiert einen Wanderzirkus aus über 100 Mitwirkenden, die Küchenbrigade und den Service eingerechnet. In der Show von 2001 spielt übrigens ein Steuerfahnder namens Siegmund von Treiber eine tragende Rolle als Running Gag: Den ganzen Abend hindurch versucht er, gespielten deutschen Beamtengeist gegen das subversive Nachtvolk durchzusetzen – zum Amüsement des Publikums. »Nur wer begeistert ist, kann andere begeistern«, so Wodarz' Credo. Weitere Infos findet man im Internet: www.pompduck.de.

Party-Veranstaltung

Wer sowieso am liebsten ausgeht, kann sein Geld auch mit der Organisation von Partys und anderen nächtlichen Events verdienen. Dass die Tätigkeit durchaus lukrativ sein kann, beweisen die Macher der Loveparades rund um den Globus, beispielsweise in Berlin, Paris, Moskau, Tel Aviv und Kapstadt. Informieren kann man sich im Internet: www.loveparade.de

Rent-a-Koch

Wer Kochen mag, aber keine Lust auf eine Großküche hat, kann sich neben dem Einsatz beim Cateringservice auch als *Rent-a-Koch*-Anbieter einen Namen machen. Da bei großen Essen in den eigenen vier Wänden der Gastgeber oft am wenigsten Spaß hat, werden externe Köche für einzelne Abende gebucht. Das Geschäft läuft fast ausschließlich über Empfehlungen. Mit dem Gastgeber gemeinsam werden vorab Menü und Rahmen festgelegt. Der Koch, der ins Haus kommt, trägt in solchen Fällen viel zur Atmosphäre der Feierlichkeit bei.

Ein Beispiel ist zu besichtigen unter: www.berg.net/ufer

VIP-Begleitung

Auch Schauspieler, Sänger, Film- und Plattenproduzenten, Stars und Sternchen, kurz VIPs genannt, wollen nachts etwas erleben. Tourneen, Preisverleihungen, Festspiele und andere Auftritte führen sie oft in fremde Städte. Dort fehlt der Überblick: Wo lässt man sich standesgemäß sehen? Wo gibt es überhaupt Bars, Restaurants und Clubs, die dem persönlichen Geschmack entsprechen? Wo ist man vor kreischenden Teenagern und Fotografen sicher?

Ariane Sommer, bundesweit bekannte Partygängerin aus Berlin, bietet zum Beispiel einen solchen Service an unter www.ariane sommer.de

Snack-Verkäufer

Was wäre das Nachtleben ohne die Möglichkeit, zwischendurch etwas zu essen? Belegte Baguettes, Brezeln, Käsestangen, vegetarische Snacks, Pommes, Pizza, Falafel und die unvermeidlichen Döner helfen den Nachtschwärmern, über die Runden zu kommen. Legendär: Würstchen Willi in Köln verkauft an seiner Bude zwischen Mitternacht und 5 Uhr morgens.

4.

Medien

Auch ganz normale Büromenschen, die vor Mitternacht zu Bett gehen, schalten oft noch einmal den Fernseher an und schauen *Tagesthemen* oder *Nachtjournal*. Man will sich über die letzten Nachrichten und das aktuelle Geschehen informieren. Die internationale Politik, Wahlen, der Bericht von großen kulturellen oder gesellschaftlichen Ereignissen, Tarifverhandlungen und internationale Sportevents sind Grund genug, sich kurz auf den neuesten Stand der Dinge zu bringen, um dann gut informiert ins Bett zu gehen.

Fernsehen und Radio haben nachts jedoch noch eine andere Funktion: Wer den Stress des Tages hinter sich gelassen hat, kann sich ganz anders mit den großen und kleinen Privatdramen des Lebens auseinandersetzen und etwas über seine Mitmenschen erfahren. Call-In-Sendungen wie *Domian* bieten ein Forum, öffentlich und doch im Schutz der Dunkelheit, über intime Geschichten zu sprechen. Nachts Fernsehen zu machen ist ein Job für Leute, die nicht abschalten können.

Info-Box

Ausbildung in Medienberufen –
KoordinationsCentrum
Im Mediapark 7
50670 Köln
Tel.: (02 21) 5 74 32 32
Fax: (02 21) 5 74 32 39
www.aim-mia.de

Evangelische Medienakademie
Emil von Behring-Str. 3
60439 Frankfurt/M.
Tel.: (0 69) 58 09 82 07
Fax: (0 69) 58 09 82 54
www.gep.de

Talkshowhost

Dem Begriff Talkshow haftet inzwischen fast etwas Klebriges an. Figurprobleme, Eifersuchtsdramen und Beleidigungen bilden den Stoff für die täglichen Quasselshows. Die Sendungen von Vera, Jürgen, Hans und Bärbel am Vor- und Nachmittag gelten als flach, voyeuristisch und reißerisch.

Doch in der Nacht, da wird die Talkshow zum großen Fernsehen: Sabine Christiansen plaudert mit neu ernannten Ministern, Bettina Boettinger interviewt Prominente, und Alfred Biolek spricht mit bekannten und unbekannten Gästen über Gott und die Welt. Götz Alsmann, Christine Westermann, Maybrit Illner, Sandra Maischberger, Erich Böhme, Alida Gundlach, natürlich auch Harald Schmidt gelten als erste Garde des Fernsehens. Im Mittelfeld rangieren Talkshowmaster wie Johannes B. Kerner und Reinhold Beckmann.

Manche Talkshows arbeiten mit kleinen Beiträgen über ihre Gäste, doch im Wesentlichen kämpfen Worte um die Aufmerksamkeit und gegen die Müdigkeit der Zuschauer. Das bedeutet: Alles muss interessant sein – die Gäste, die Themen, die Storys. Während es am Tag um den schnellen Schlagabtausch geht, lebt der Talk nach 20 Uhr davon, Zeit für Nachfragen und persönliche Anliegen zu haben. Die Rolle des Showmasters ist es dann nicht mehr, aufgebrachte Teenager gegeneinander aufzuhetzen, sondern jenseits von Platitüden aus den Gästen Persönliches herauszukitzeln und nachzuhaken.

Damit das gelingt, braucht es mehr als ein paar Fragen zu stellen. Amelie Fried, Moderatorin der Talkshow *III nach 9* klärt auf: »Für die große Liveshow muss der Moderator etwas von nonverbaler Kommunikation und Gesprächsführung verstehen und eine ordentliche Portion Selbstreflexion mitbringen.« Wenn der Gesprächspartner einen nicht ansieht oder wenn man selbst durch verschränkte Arme Unwohlsein ausdrückt, wenn ein Gespräch aus der Hand zu gleiten droht, der Gefragte einsilbig wird oder ein Einzelner die Gruppendynamik stört – all das sind Situationen, die die Talkshowmoderatorin managen muss. »Manchmal stimmt die Chemie zwischen dem Gast und mir, und manchmal nicht. Das muss aber nicht unbedingt ein schlechtes Zeichen sein. Oft sind die Gespräche, die man aus kritischer Distanz führt, die besten.«

Fried hat 1987 bis 1989 die erste bundesweite Talkshow *Live aus der Alten Oper* moderiert. Wichtig für ihren Job sei, sich nach all den Jahren immer noch ein originäres, nicht aufgesetztes Interesse für die Gäste zu bewahren. »Bei vielen Vorschlägen aus der Redaktion habe ich am Anfang gedacht: ›och, naja, mal gucken‹. Aber je länger ich mich mit den Leuten beschäftige, desto spannender finde ich sie.« Auch das gehöre dazu, sagt sie: immer den Menschen am interessantesten zu finden, den man gerade vor sich hat. »Ich kann es nicht ausstehen, wenn Moderatoren sich bemühen, möglichst tolle Fragen zu stellen und hauptsächlich auf schnelle Effekte zielen. Während der Gast antwortet, feilen die schon wieder an ihrer nächsten originellen Frage.« Nur routinemäßig am Gegenüber interessiert zu sein und vorgefertigte Reaktionen zu zeigen, das passe eher ins Fastfood-Showgeschäft, nicht aber zur großen Abend-Talkshow. »Auch beim Moderator muss es mal ein echtes Erstaunen geben«, so Fried.

Dazu sind umfangreiche Vorbereitungen nötig: Fried erhält vom Redaktionsteam »riesige Pakete mit Informationen über die Gäste«: Veröffentlichungen und Bücher, CDs und Filme. Die Moderatorin arbeitet alles durch und entscheidet, über welche Aspekte sie in der Show reden möchte, welche Punkte sie am interessantesten findet. Ob sie Training in Interviewtechnik und Präsentation bekommen hat? »Im Gegenteil. Alles, was ich dafür können muss, habe ich im Leben gelernt.«

Am Vorabend der Übertragung fliegt Fried aus ihrem oberbayerischen Wohnort nach Bremen. Den Tag selbst verbringt sie damit, auszuschlafen, dann noch einmal ihre wichtigsten Notizen durchzusehen und die berühmten Karteikarten zu schreiben. Gegen 19 Uhr geht sie ins Studio und in die Maske. Das *III nach 9*-Team dreht den letzten Trailer. Die Moderatoren begrüßen die Gäste und proben. Um 22 Uhr beginnt die Übertragung.

Nach der Sendung lädt Radio Bremen Moderatoren und Gäste zum Büffet. Gemeinsam wird besprochen, was geklappt hat, was nicht geklappt hat, wie Missverständnisse entstanden sind und ob die Gäste zufrieden waren. »Schließlich muss man nach einer Live-

Sendung auch erstmal wieder runterkommen und die ganze Spannung abbauen.« Um Mitternacht im Bett zu sein, ist daher nicht drin, frühestens um Zwei. Auch am Tag nach der Sendung ist Fried noch »irre platt« und zieht es vor, mit einer Mittagsmaschine nach Hause zu fliegen.

Folgende Geschichte ist Fernsehlegende: Vor einigen Jahren hatte sich Stefan Raab als Zuschauer so über einen Moderator aufgeregt, dass er einen wütenden Brief an den WDR schrieb. »Sehr geehrter Chefredakteur, Ihr Moderator ist ein Vollidiot.« Dem Chef gefiel es, und als Antwort bekam Raab die Einladung zu einem Moderatorencasting. Ob die Geschichte wahr ist oder nicht – einen Einstieg ins Fernsehgeschäft kann man ruhig unkonventionell wagen. Der Ex-Banker Kai Pflaume begann seine Fernsehkarriere als Kandidat der Show Herzblatt. Als man ihn Jahre später zum zweiten Mal fragte, ob er nicht Lust habe, Kandidat zu sein, antwortete er: »Nein danke, die nächste Sendung, in die ich gehe, ist meine eigene.«[3]

Info-Box

Training vor der Kamera bieten:

Camera-Acting-Centrum	Logo
Hansaring 21	Reuterweg 74
50670 Köln	60323 Frankfurt/M.
Tel.: (02 21) 9 12 35 80	Tel.: (0 69) 49 00 47
Fax: (02 21) 9 12 35 82	Fax: (0 69) 49 32 05
www.camera-acting-centrum.de	www.logo-institut.de

Ein vielfältiges Seminarangebot im TV-Bereich bietet:

Bayerische Akademie für Fernsehen
Betastr. 5
85774 Unterföhring
Tel.: (0 89) 4 27 43 20
Fax: (0 89) 42 74 32 23
www.fernsehakademie.de

Moderationstraining im Internet:

www.moderatorenschule.de
www.moderationsakademie.de

In der Bundesrepublik gibt es etwa 75 Offene Kanäle.[4] Sie bieten eine gute Möglichkeit, sich vor der Kamera auszuprobieren und fürs Casting zu trainieren. Unterstützung liefert:

Bildungszentrum Bürgermedien
Turmstr. 8
67059 Ludwigshafen
Tel.: (06 21) 5 20 22 48
Fax: (06 21) 5 20 22 43
www.bildungszentrum-buergermedien.de

Call-In-TV und Talkradio

Show wäre fast der falsche Ausdruck. Spartanischer könnte die Sendung nicht sein: ein Tisch mit Aufsteller, der das Tagesthema und die Telefonnummer anzeigt, ein bisschen Technik im Hintergrund, ein Hirschgeweih an der Wand und ein Mann mit Kopfhörern: Jürgen Domian, Moderator der nach ihm benannten Call-In-Sendung *Domian,* plaudert mit seinen Anrufern in einer Art Studiorumpelkammer. »Die Gespräche sind dabei so intensiv und so vielfältig, dass eine Studiodeko oder große Technik nur störend wirken würde«, erklärt er.

Wer will, kann sich dienstags bis samstags von ein bis zwei Uhr morgens live und on air mit Domian unterhalten. Die Themen: Sex an ungewöhnlichen Orten, Asylgesetzgebung, Millionäre oder Tod. Manche Night-Talks sind ohne Themenvorgabe. »Ich frage die Leute alles, und die Leute dürfen mich alles fragen«, lautet Domians Motto. Wenn er selbst offen und offensiv ist, dann gibt er damit auch den Anrufern die Chance, Dinge zu erzählen, die sie sonst nicht mal ihrem Tagebuch anvertrauen würden.

Domian hat das Format 1994 selbst entwickelt. Sein Chef Fritz

Pleitgen riet ihm damals: »Sei so authentisch wie möglich. Sprich mit den Leuten so, als ob Du mit ihnen im Café sitzt.« Das Konzept ging auf: Täglich – beziehungsweise nächtlich – verfolgen 150 000 bis 200 000 Zuschauer an den Bildschirmen plus unzählige Radiohörer die Sendung. Dabei sieht sich Domian weder als Kummerkastenonkel noch als Beratungsstelle, sondern als Zuhörer und offener Gesprächspartner, der seine Privatmeinung am Bildschirm vertritt. Jährlich führt der Kölner über 2 000 Gespräche, in denen er gelernt hat, »dass die menschlichen Abgründe jede Vorstellungskraft übersteigen.« Er meint damit Brutalität, Skurrilität, Sexualität, aber auch Liebe. Ein Beispiel: Ein Transsexueller erzählte von seiner erotischen Beziehung zu einer Heimorgel – »ein seriöser und eloquenter Typ, der in der Pubertät aus mangelnder sexueller Identität eine erotische Beziehung zu Dingen aufgebaut hat. Er wollte keine Beratung, er hatte sich prima damit arrangiert«, erzählt Domian.

Für harte Fälle arbeiten Psychologen im Hintergrund, an die der Moderator durchstellt, »wenn es zu pathologisch wird und ich mit gesundem Menschenverstand nicht mehr weiterhelfen kann.« Auch wenn die Gespräche hoch dramatisch werden, rät Domian zu einem weiterführenden Auffanggespräch mit seinen Psychologen. Ob er selbst unter der Belastung leide? »Nein, denn ich habe ja eine bunte Mischung aus Geschichten, und das auch immer nur für eine Stunde. Leute, die in der Telefonseelsorge oder auf der Intensivstation arbeiten, haben einen viel härteren Job.«

Domian hat Germanistik, Philosophie und Politologie studiert und während des Studiums »lauter bekloppte Jobs gemacht: Flugzeuge säubern, Zeitungen austragen, als Fahrer und Fabrikarbeiter jobben.« Für ihn auch eine wichtige Voraussetzung für seine Sendung: »Der Moderator darf nicht mehr ganz jung sein und muss schon was vom Leben mitgekriegt haben.« Von Vorteil sei außerdem, sagt er, dass er aus einem Arbeiterhaushalt und nicht aus dem wohlbehüteten Bürgertum stamme.

Domian ist auch Chef, seine Redaktion umfasst 25 Leute. Die starten ihren Job um Mitternacht. Sie nehmen Anrufe entgegen, klopfen Storys ab, überlegen, ob der Anrufer stabil genug ist, das Gespräch durchzustehen. Sie prüfen, ob die Geschichte interessant ist und ob der Anrufer sie gut erzählen kann. Die Redaktionsmitarbeiter erstellen Karteikärtchen, die in die Regie gereicht werden. Die entscheidet dann, in welcher Reihenfolge die Anrufer zu Domian geschaltet werden. Dann erst erfährt der Moderator von der Geschichte. »Die Sendung lebt von Spontaneität, da ist es nur hinderlich, wenn ich vorher etwas weiß«, sagt er.

Wie sucht sich Domian seine Mitarbeiter aus? »Mich interessieren überhaupt keine formalen Dinge wie Zeugnisse oder Noten. Dafür ist mein eigener Weg zu kurvenreich verlaufen. Ich habe so viele Deppen im Mediengeschäft kennen gelernt, die mit akademischen Titeln durch die Welt laufen. Und andere Journalisten haben nicht mal Abitur und arbeiten trotzdem fabelhaft.« Einfühlsamkeit und ein Gespür für Themen – das wünscht er sich von seinen Mitstreitern.

Nach der Sendung setzt sich Domian eine Stunde mit den Psychologen zusammen und geht jeden einzelnen Fall durch. »Dann fahre ich nach Hause und bin auf 180. Da kann man nicht schlafen. Also schaue ich Fernsehen, gehe ins Internet, lese.« Zwischen fünf und sechs Uhr morgens geht er ins Bett und versucht bis nachmittags zu schlafen. »Natürlich ist das ein Job für eine echte Nachteule, aber eben auch eine Belastung. Man lebt in einer völlig anderen Welt.« Gegen 18 Uhr geht er wieder ins Studio. Um in der Sommerpause auf einen halbwegs normalen Rhythmus zu kommen, macht er erstmal einen Tag und eine Nacht komplett durch.

Domian ist nicht der einzige mit einer nächtlichen Telefontalkshow. Der Südwestfunk bringt samstags kurz vor Mitternacht Brigitte Lämmle in *Lämmle Live*. Der NDR präsentiert *Nox – Gespräche zur Nacht* mit der Moderatorin Iha von der Schulenburg und dem Psychologen Michael Thiel. Auch die Lokalsender ziehen nach: TV München lässt in der *Ali Khan Show* allerdings härtere Töne anschlagen. Seit Mitte der neunziger Jahre trauen sich hier auch Promis ins Studio, um über Schweiß, Penisverlängerung und Herbstmüdigkeit zu sprechen.[5]

Info-Box

Jürgen Domian, *Extreme Leben*, Köln 1996.
Hella von Sinnen, Jürgen Domian, *Jenseits der Scham*, Köln 1998.
Wolfram Zbikowski, *Domian*, Köln 2000.

www.domian.de

Interview

Jürgen Kuttner von *Radio Fritz* (ein Jugend-Programm des Ostdeutschen Rundfunk Brandenburg in Potsdam) gilt als Vater des deutschen Talkradios. Seine Sendung *Sprechfunk* läuft von 22 bis ein Uhr. Dort wird zu nächtlicher Stunde über Witziges, Unsinniges, Absurdes, Abseitiges, Banales und Wichtiges gesprochen.

Frage: Wie sind Sie auf die Idee gekommen, Talkradio zu machen?

Kuttner: Am Anfang habe ich in einem Blasorchester gespielt und musste dort die Ansagen übernehmen. Das verlängerte die Aufführungszeit von drei auf zwölf Stunden. Nachdem ich mit dem Blasen nicht so viel Erfolg hatte, wechselte ich zur Zeitung, zur Ost-Taz um genau zu sein. Und über den Radio-Jugendsender DT64 kam ich ans Mikrofon. Dann sah ich den Oliver Stone Film *Talk Radio* und dachte mir: ›Jooo, Talkradio, das müssen wir auch machen‹. Nur wer sollte es machen? Die Redaktion meinte, dass ich sowieso immer am meisten quatsche und deswegen da am besten hinpassen würde.

Frage: Braucht man eine Veranlagung zum Vielreden um Talkradio zu machen?

Kuttner: Zunächst erstmal: Ich hasse verbale Wasserwerfer, die nur reden um des Redens willen. Aber wenn es mir um etwas geht, dann bin ich ungerecht, laut, ich unterbreche und rede viel. Privat schätze ich mich eher ruhig ein, in der Öffentlichkeit ist das Vielreden oft einfach eine Frage der Notwehr. Inzwischen erwartet man Schlagfertigkeit und wortreiches Dauerfeuer von mir. Was wichtig ist: Neugier, Kommunikativität und ein Bereich, in dem man sich auskennt, von dem man Ahnung hat. Dann kommt die Vermittlung: Mach den Bereich so interessant, dass auch jemand, der das eigentlich blöd findet, plötzlich am Ball bleibt. Versuch zum Beispiel einer gut aussehenden Frau auf einer Party Fußball so schmackhaft zu machen, dass sie mit dir nächsten Samstag in die Fankurve geht. Such dir ein Thema, verpack es ordentlich, und schon hast du eine Unterhaltung, in der *du* der Experte bist. Meine Rolle beim Talkradio sehe ich dabei nicht als egomaner Dauerredner, eher als behutsamer Performer und Entertainer, der die Leute animiert.

Frage: Was sind Ihre Lieblingsthemen beim Talkradio?

Kuttner: Natürlich gibt es verschiedene Ansätze für Talkradio. Ich würde zum Beispiel niemals politische Diskussionen à la Internationaler Frühschoppen machen. Ich will auch keinen Seelentalk, ich bin kein Psychiater. Stattdessen bin ich ein Freund der gediegenen Banalität. Die Leute sollen wirklich *ich* sagen können, ohne ihr Innerstes nach außen zu kehren. Ich bin an ihren Meinungen interessiert, die Mitredner sollen über sich selbst sprechen. Ich nenne das milde Alltagsphilosophie. Ein Thema, das ich gern mal machen würde, ergab sich zum Beispiel auf der Straße. Ich bin unterwegs zum Brötchenkaufen, als mir ein BMW auffällt. Auf dem Nummernschild steht KA-RL. ›Warum hat der auf dem Nummernschild KA-RL?‹, fragte ich mich. Weil der Fahrer Karl heißt? Aber der Fahrer war eine Frau. Selbstverständliches als Unselbstverständliches oder interessante Alltäglichkeit – das interessiert mich. Solche Themen entstehen oft am Tag der Sendung. Die Nacht gibt dem Publikum und mir die nötige Ruhe und den Raum, einmal ausführlich darüber zu philosophieren.

Frage: Was hat sich in den letzten Jahren geändert?

Kuttner: Das Fernsehen hat das Talkradio entwertet. Durch das Bärbel-Schäfer-Syndrom sind die Leute überfüttert, einfach satt. Auch meine Zuhörer sind Medienprofis geworden. Viele rufen an und schneiden ihr eigenes Gespräch mit, um dann stolz zu präsentieren, dass sie wieder mal im Radio waren. Das ist nicht meine Vorstellung von Talkradio, das ist nicht ehrlich. Oft klingen Meinungen wie auswendig gelernt, abgedroschen, wie vor-

her schon mal im Fernsehen gehört und gesehen. Die Authentizität der Zuhörer nimmt ab.

Frage: Wie sehen Sie die Zukunft des Talkradios?

Kuttner: Die Zukunft des Talkradios ist der Status quo, die Avantgarde ist konservativ. Ich bleibe bei meinem Konzept, ich mache
das noch in 15 Jahren. Nachts arbeitet man nicht unter den Gesetzen des Aktualitätszwangs. Basta!

Info-Box

Die Internetseite von Radio Fritz: www.fritz.de

Radio-DJ

Die einen quasseln sich die halbe Nacht um die Ohren. Die anderen hören lieber Musik. Wer tagsüber Dudelfunk und Kaufhaus-
musik über sich ergehen lässt, hat nachts eher die Muße, sich mit
Songs jenseits der Charts zu beschäftigen. Ist Mitternacht erst einmal vorbei, sitzen einsame Herzen, Nachtarbeiter und andere
Schlaflose zu Hause (oder im Auto) und lauschen dem, was aus
dem Radio kommt. Viele klimpern nebenbei auf der Tastatur ihres
PCs oder surfen im Internet.

Der Nachtablauf von Karin Roman, Radio-DJane, sieht so aus:
22 Uhr – CDs zusammensuchen, noch schnell eine letzte Scheibe
hören, Kaffee kochen und langsam auf die Arbeit einstellen.
23 Uhr – das Haus verlassen. 1 Uhr – Roman beginnt, für die
Wachgebliebenen am Radio Musik aufzulegen. Ihre Sendung heißt
Night line und läuft auf Radio Eins, ein Programm des Ostdeutschen Rundfunk Brandenburg.

Die Arbeitszeit der studierten Wirtschaftswissenschaftlerin klingt
abenteuerlich: »Mir macht es nichts aus, von eins bis vier zu arbeiten. Im Gegenteil, das ist die Zeit, in der ich selbst am liebsten Musik höre und in der ich auch bereit bin, mich auf Neues einzulassen«, erklärt sie. Während der Sendung legt Roman neue CDs auf –

»am liebsten relaxte Nachtmusik« –, plaudert von jamaikanischen Einflüssen auf den Dub, von einem bevorstehenden Konzert, fährt die Regler für einen Jingle hoch und für die Nachrichten wieder runter. Wenn Musik läuft und Roman als Moderatorin gerade mal nicht on air ist, telefoniert sie mit Hörern, die mehr über Musiker oder einen gespielten Song wissen wollen.

Nach drei Stunden konzentrierter Arbeit im Studio werden aber auch dem aktivsten Nachtfalter die Flügel lahm. Um halb fünf macht sich Roman wieder auf den Heimweg, um gegen sechs Uhr erschöpft ins Bett zu fallen. Kein Wunder, dass sie gegen Sonnenstrahlen, die am Morgen ins Zimmer fallen könnten, immun ist. Der Vormittag gilt ausschließlich der Regeneration. »Außerdem bin ich schlecht gelaunt, wenn ich vor 12 Uhr reden muss«, erklärt sie.

Roman ist eine der wenigen Frauen im Musik-Journalismus, ihre private Plattensammlung umfasst Dutzende von Metern. Um neue Trends in der Szene aufzuspüren, zieht sie, wenn sie nicht arbeiten muss, oft durch die Clubs der großen Städte. Sie hört sich Stars und Nachwuchstalente der DJ-Szene an, pflegt Kontakte zu Musikern »und anderen wichtigen Leuten. In der Musikszene wird sich nicht groß verabredet. Jeder weiß, wann gute Events sind und wo man sich über den Weg laufen kann.«

Bevor sie bei Radio Eins moderierte, konzipierte Roman zwei Sendungen beim Jugendradio Sputnik des Mitteldeutschen Rundfunks in Leipzig. In *Intensiv-Station* und *Clubzone* ging es um Club-Musik und DJ-Kultur. Sie baute ein Netz populärer DJs wie Reinhard Trüby, Paul van Dyk oder die Berliner Jungs von Jazzanova auf. Nächtelang saß sie im Studio und hörte sich Mixe an, die sie in ihren Sendungen vorstellen wollte. Auch damals kam sie selten vor drei Uhr morgens aus der Redaktion. »Nachts hat man mehr Freiräume, ich kann machen, was ich will, bei mir gibts keine Spiele und keine Werbung.«

Einen Nachteil allerdings hätte die Spätschicht: Wenn man nachts arbeite, so Roman, würden viele einsame Radiohörer anrufen, darunter »schon auch ein paar Spezialfälle«. Damit meint sie diejenigen, die durch die nächtliche Stunde das Gefühl haben, eine besonders persönliche Beziehung zu der Radio-DJane aufgebaut zu haben. »Manche rufen ständig an und wollen einen unbedingt persönlich kennen lernen. Da gehört eben auch viel Feingefühl dazu, diese Menschen zu akzeptieren, sie aber gleichzeitig in ihre Schranken zu verweisen.« Schließlich hören die Leute nachts Radio, weil ihnen gerade diese Art der Unterhaltung gefällt. »Auch die Weirdos sind ein ganz persönliches Feedback auf das, was ich mache.« Deshalb tragen auch die schwierigen Anrufe zu der speziellen Atmosphäre bei, die nachts in einem fast menschenleeren Radios-Studio herrscht.

Info-Box

Gute Einstiegsmöglichkeiten bieten nichtkommerzielle Radioprojekte, wie Bürgerfunk oder Uniradio.

Radio-Seminare gibt es zum Beispiel bei:

Deutsche Hörfunkakademie
Nollendorfplatz 2
44339 Dortmund
Tel.: (02 31) 98 89 00
Fax: (02 31) 9 88 90 25
www.hoerfunkakademie.de

Journalistenschule Lernradio
Bruchsal
Karlsruher Str. 20
76646 Bruchsal
Tel.: (0 72 51) 9 12 30
Fax: (0 72 51) 91 23 50
www.radio-aus-bruchsal.de

Bildmischer

Bei der Berufsbezeichnung Bildmischer denkt man unwillkürlich an hektisch blinkende Apparate mit vielen Anzeigen und Tasten. In den Räumen der Berliner Firma A-Medialynx steht ein solches, gut 130 000 Euro teures Mischpult. Auf Kommando eines Regisseurs drückt Bildmischer Ralf Steikert Knöpfe und zieht Hebel. Klingt langweilig? Nicht, wenn man weiß, dass A-Medialynx als Produktionsgesellschaft deutsche Beiträge für den Musiksender MTV in Zentraleuropa herstellt und Steikerts Bilder live auf Sendung gehen.

Steikert ist die geborene Nachteule: Sein liebstes Hobby seit der Schulzeit ist die Astronomie. Zum ersten Luxus, den er sich von seinem Gehalt als fest angestellter Bildmischer leistete, gehörte ein Reiseteleskop, das er schon in der ägyptischen Wüste eingesetzt hat. Aber auch die brandenburgische Umgebung gehört zu den besten – weil dunkelsten – Sternenguckregionen Deutschlands. Er selbst zieht es daher vor, öfter mal gegen 21 Uhr seine Arbeit zu beenden. Kollegen in anderen Sendern oder Produktionsfirmen legen dann erst los, zum Beispiel bei den *Tagesthemen*, den späten Talkrunden oder bei großen Live-Unterhaltungsshows.

Keine Studiosendung im Fernsehen, ob live oder aufgezeichnet, kommt ohne Bildmischer aus. Sie sorgen dafür, dass der Zuschauer genau die Bilder sieht, die der Regisseur der Sendung ihnen zeigen will, und dass der richtige Beitrag nach der entsprechenden Anmoderation zugespielt wird. Während die Moderatoren die Videos ankündigen, mit Studiogästen und Anrufern sprechen oder auf SMS und E-Mails reagieren, steuert Steikert als regieführender Bildmischer die Kameraleute. »Ich bin mit denen durch Interkom verbunden und sage ihnen zum Beispiel, sie sollen auf die CD halten, die vorgestellt wird, und dann aufziehen.« Wenn der Kameramann verstanden hat, nickt er mit der Kamera, deren Bild Steikert vor sich auf dem Monitor hat. Antworten darf er nicht, die Kamera ist zu nahe an den Sendemikros des Moderators und der Gäste. »Wenn er etwas vorschlagen will, zeigt er's mir mit der Kamera, und ich entscheide dann und gebe ihm grünes Licht für die Aktion.« Steikert informiert die Kameraleute auch, wann genau sie zum Beispiel mit einem Schwenk über die Studiodeko anfangen sollen und wie viel Zeit sie dafür haben. »Wir rechnen hier in Sekunden. Timing ist alles in dem Job, da hilft mir meine Bühnenerfahrung.«

Erfahrung auf den Brettern, die die Welt bedeuten, hat der abgebrochene Mathematik- und Philosophiestudent in sieben Jahren als Schauspieler gesammelt: auf Berliner Off-Bühnen, beim Tanztheater im Wuppertaler Opernhaus, im *Hebbel-Theater* in Berlin. Schon während des Studiums lebte er seine technische Ader als freiberuflicher Programmierer aus, unter anderem beim Pharmariesen Schering. »Am Anfang sollte ich eigentlich Daten eintippen und wurde gefragt, ob ich auch programmieren kann.« So wurde aus dem Schülerhobby eine Finanzierung des Studiums.

Ähnlich ging er auch an seine neue Karriere in der Fernsehtechnik heran. Als die Engagements als Schauspieler spärlicher wurden und auch das Taxifahren – nachts natürlich – »nicht mehr so viel einbrachte wie vor der Wende«, fing er als Cutter beim Potsdamer Stadtfernsehen an. Da er während seiner Zeit als Schauspieler schon mit Videoschnitt und Kameraarbeit experimentiert hatte, konnte er nach zwei Tagen Einarbeitungszeit aktuelle Beiträge über die lokalen News und die Sitzungen der Stadtverordnetenversammlung schneiden. Teils sprach er die Texte der Redakteure gleich ein, denn die waren ständig unterwegs, so klein wie der Sender mit einem Einzugsgebiet von vielleicht 200 000 Zuschauern war.

Über das Stadtfernsehen kam Steikert auch an Cutterjobs bei freien Produktionsgesellschaften, später im ARD-Hauptstadtstudio. Dann stellte die Firma *Cine Plus* das Team für eine Live-Sendung bei MTV zusammen und suchte einen MAZ-Operator. »Das ist der, der die Play-Taste drückt«, charakterisiert Steikert diese Tätigkeit. »Bei MTV ist der natürlich gefragt, weil er spätestens alle zweieinhalb Minuten neue Videoclips starten muss.«

Zu seinem Job gehörte damals auch, das riesige Musikarchiv zu verwalten und die Kassetten rechtzeitig bereit zu halten. »Bei einer Wunschsendung ist das ein schneller Job, der wahnsinnige Konzentration erfordert.« Seinen Aufstieg zum Bildmischer mit Verantwortung für die Bildregie verdankt Steikert, so glaubt er, seiner Aufmerksamkeit: »Manchmal hatte ich schon das Kommando ›Maz ab!‹ und hab dann doch gewartet, weil ich das Gefühl hatte, die Moderatorin wollte noch was sagen.« In den meisten Fällen stimmte dieses Gefühl.

Nach eigener Einschätzung macht Steikert den Job gut, weil er die Live-Situation begreift und ernst nimmt, auch dabei helfen ihm die Erfahrungen aus der früheren Theaterarbeit. Wer ihm auf den verschlungenen Wegen einer Medienkarriere folgen will, dem rät er, sich ein Netzwerk von Kontakten aufzubauen. »Ohne Beziehungen läuft in dem Geschäft nichts. Diese Beziehungen muss man sich erarbeiten: Praktika, Aushilfsjobs, Kabelschleppen.« Belastend sei der Job in erster Linie für die Ohren: »So um die 150 Lüfter in den Geräten bilden eine heftige Geräuschkulisse. Und Musik und Sprache sind bei MTV schon sehr laut.«

Ob Steikert auf Dauer bei seinem jetzigen Traumjob bleiben wird, darf zumindest bezweifelt werden: Privat hat er einen alten Traum verwirklicht und den Flugschein gemacht. Vielleicht findet man den passionierten Quereinsteiger in zehn Jahren als Lufttaxi-Chauffeur in der Karibik oder als Pilot der Flying Doctors im australischen Busch. Dort lohnt die astronomische Betrachtung des Sternenhimmels, so sagt er, besonders.

Info-Box

Für Interessierte, denen der Quereinstieg zu abenteuerlich erscheint, gibt es einen klassischen dualen Ausbildungsgang zum *Mediengestalter Bild und Ton* mit abschließender IHK-Prüfung. Die örtliche Industrie- und Handelskammer kann auch bei Auswahl eines geeigneten Ausbildungsbetriebs mit der jeweils gewünschten Spezialisierung auf Bild, Ton oder Sendebetrieb beraten.

MTV Networks Europe	MTV-Infoline
180 Oxford St.	in Berlin:
London N1	Tel.: (0 30) 28 87 50
Großbritannien	in Frankfurt/M.:
W1N ODS	Tel.: (0 69) 9 71 45 50
Tel.: 00 44 (20) 74 78 60 00	
Fax: 00 44 (20) 72 84 76 00	
www.mtv.de	

Radio-Tontechniker

Wenn andere längst in der Kneipe oder vor dem Fernseher sitzen, fährt David Tschöpe zur Arbeit. Er ist Tontechniker bei Radio Fritz vom Ostdeutschen Rundfunk Brandenburg. Sein Arbeitsplatz liegt auf dem Gelände der Babelsberger Filmstudios (das ehemalige Ufa-Gelände) in Potsdam. Seine bevorzugte Schicht: 21 Uhr abends bis 6 Uhr morgens.

Aufgabe eines Tontechnikers ist es, dafür zu sorgen, dass die Radiosendungen technisch reibungslos über die Bühne gehen und die Worte des Moderators nicht ungehört im Nichts verhallen. »Ich bin der Mann im Hintergrund. Ohne mich gibt's keine Sendung«, sagt Tschöpe. Dazu braucht es mehr als die Regler und Knöpfe des Mischpults zu bedienen. Der Tontechniker ist für Tonaufnahmen, Tonmischungen und alle Anlagen der Beschallung zuständig. Er sorgt dafür, dass die Mikrofone der Moderatoren richtig installiert und eingestellt sind. Er fährt die Jingles für Werbung, Sendetitel oder Nachrichten ab. Außerdem produziert und schneidet er Sprach- und Musikbeiträge und sorgt bei Außenproduktionen für eine perfekt funktionierende Kommunikation zwischen Studio und Ü-Wagen.

Tschöpes Arbeitsplatz gibt es doppelt: aus dem einen Studio wird live gesendet, in dem anderen sitzt der Tontechniker. Die beiden Räume sind nur durch eine Glaswand getrennt, sodass der Techniker die Moderatoren immer im Auge hat. Bei Problemen muss die Sendung nicht abgebrochen werden, stattdessen wird umgezogen.

Wie viele seiner Kollegen ist Tschöpe Quereinsteiger. Nach dem Abitur hatte er zunächst angefangen, Gestaltungstechnik zu studieren, was er allerdings schnell wieder abbrach, als er einen Job in einem Zahntechniklabor bekam. Sein zweiter Studienversuch war Informatik, danach folgte ein Job als Verkäufer in einem Möbelgeschäft. Schließlich ließ er sich an der privaten Tontechnikerschule School of Audio Engineering ausbilden. Für die Aufnahmeprüfung werden Realschulabschluss, Volljährigkeit und ein intaktes Gehör verlangt. Der 18-monatige Kurs kostet rund 8 000 Euro und schließt mit einem Zertifikat als Toningenieur ab.[6]

Zu Beginn seiner Tätigkeit produzierte Tschöpe Beiträge für die Kuttner-Show *Sprechfunk* (siehe Interview). Dabei schnitt er zunächst die Redeschwälle des Moderators aus einer Woche auseinander und zu einer Art Rückblick wieder zusammen. »Die Produktion machte Spaß, war aber erstmal ziemlich zeitaufwändig«, erzählt er. Doch es hat sich gelohnt: Der ORB fand die Beiträge gut und gab dem Nachwuchstechniker die Chance, auch größere Hörspiele zu betreuen. Die Reihe *Fremde im eigenen Land* hat Nachteule Tschöpe natürlich nachts produziert. »Das passt zu meinem Biorhythmus, meine Kreativität funktioniert in der Dunkelheit am besten.«

Technisches Verständnis und ein gutes Gehör sind Voraussetzung für den Job als Tontechniker. Wenn Reporter und Redakteure ihre Beiträge mit einem bestimmten Geräusch untermalen möchten, stöbert Tschöpe im sendereigenen Tonarchiv und bastelt das Geräusch in den Ton. »Ich muss aber auch in der Lage sein, das Geräusch notfalls noch während der Sendung zu produzieren.« Nebenbei treibt sich Tschöpe viel in der Musikszene herum und installiert Turntables für DJ-Auftritte.

Obwohl der größte Teil der Arbeit eines Tontechnikers mit Technik zu tun hat, kann kommunikatives Talent nicht schaden, findet Tschöpe. »Man wird bei einer Livesendung schnell zum Mädchen für alles. Da muss ich dann auch mal bei Kartenverlosungsaktionen den Telefondienst übernehmen oder einen Interviewpartner, der in der Leitung wartet, bei Laune halten.«

Eingeschlafen ist Tschöpe bei seiner Arbeit noch nie. Wenn wenig zu tun ist, hält er sich mit Lesen, Fernsehen und Internetsurfen wach oder plaudert mit den wenigen Kollegen, die noch vor Ort sind. »Das ist eine ganz andere Atmosphäre, nachts im dunklen Rundfunkhaus zusammen zu sitzen und sich die Zeit zu vertreiben. Wer tagsüber hektisch an mir vorbeiläuft und in sein Handy brüllt, erzählt mir nachts von seinem Liebeskummer.« Er selbst lässt sich durch die Dunkelheit am liebsten zum Fantasieren anregen. »Dann spinnen wir rum, dass man vielleicht alles ganz anders machen sollte oder wie ein neues Nachtmagazin aussehen könnte.« Sollte er trotz der anregenden Gespräche einmal müde werden, trinkt er mit seinen Kollegen Kaffee. »Aber nur bis eins, sonst kann ich morgens nicht einschlafen«, sagt er.

Info-Box

Ein guter Einstieg ins Audio Engineering ist eine Tätigkeit als Aufbau-helfer (Roadie) bei Veranstaltungsfirmen.

Eine Ausbildung zum Ton-/Veranstaltungstechniker gibt es bei der School of Audio Engineering mit Niederlassungen in Hamburg, Köln, Berlin, Frankfurt, Stuttgart, München. Die Adresse des Hauptsitzes:

SAE
Hoferstr. 3
81737 München
Tel.: (0 89) 67 51 67
Fax: (0 89) 6 70 18 11
www.sae.edu

Auch die Rundfunkanstalten bilden aus, zum Beispiel:

Norddeutscher Rundfunk
Rothenbaumchaussee 159
20149 Hamburg
Tel.: (0 40) 44 19 20
Fax: (0 40) 44 19 22 34
www.ndr.de

Die Berufsinteressen vertritt:

Verband für professionelle Licht- und Tontechnik
Walsroder Str. 159
D-30853 Langenhagen
Tel.: (05 11) 2 70 74 74
Fax: (05 11) 27 07 47 77
www.vplt.org

Nachrichten-Moderation

»Guten Abend meine Damen und Herren«, »Nachrichten vom Tag mit Jo Brauner« oder schlicht: »Es folgt – das Wetter«, so lauten die typischen Sätze der Nachrichtenmoderation. Doch Kerstin

Fischer, Nachrichtenmoderatorin von *MDR-aktuell* hat mehr zu sagen: »Das sind ja nur die Floskeln. Die eigentliche Aufgabe der Präsentation ist es, dem Zuschauer zu vermitteln, warum die vorgestellten Themen gerade jetzt für ihn spannend sind.«

Die Hauptnachrichtensendung von *MDR-aktuell* läuft täglich um 19.30 Uhr. Die Spätausgabe um 21.45 Uhr bringt Vertiefendes. »Bei einer wichtigen Konferenz zeigen wir erst die Bilder, wie ein paar Leute zusammen diskutieren. In der Spätausgabe haben wir dann beispielsweise noch einen Experten dazu im Studio«, erklärt Fischer. Später am Abend seien die Leute schon über die Geschehnisse des Tages informiert und hätten Muße, sich auch ein paar Minuten länger mit den Hintergründen zu beschäftigen.

Auch wenn es in den Nachrichten nicht um Privatmeinungen geht: Die Art der Herangehensweise hat viel damit zu tun, was die Moderatorin über das Thema denkt. Dieselbe Angelegenheit mehrmals hintereinander interessant zu machen, das sei allerdings schwer. Während des CDU-Parteispendenskandals ab November 1999 beispielsweise wurden beinahe täglich neue Enthüllungen bekannt. »Wer dreimal täglich den Schwarzgeldskandal anmoderiert, muss sich für die Spätausgabe schon etwas einfallen lassen. Sonst sagt man immer wieder das, was man selbst und alle anderen auch schon den ganzen Tag gesagt haben«, erinnert sich Fischer.

Während der Sendung stehen der Moderatorin ein Nachrichtensprecher und ein Sportmoderator zur Seite. Der Trend geht jedoch zur Präsentation aus einer Hand. »In der ARD-Tradition gibt es den Moderator, der sehr nah an den Zuschauern dran ist, und den Nachrichtensprecher, der sich selbst völlig zurücknimmt und ganz neutral die News verliest. Die Überleitung von einem zum anderen bremst allerdings, nimmt Tempo raus und gilt bei vielen Sendern als nicht mehr zeitgemäß«, erklärt die Leipzigerin. Daher werden *Tagesschau* und *Tagesthemen*, *heute* und *heute journal* in den nächsten Jahren in Bewegung geraten. Die Nachrichten vom Tag werden teilweise aus Bildern bestehen, die ein Sprecher aus dem Off kommentiert.

Wer wie Fischer als Redakteurin im Studio arbeitet, benötigt journalistische Fertigkeiten und Kenntnisse. Zwei Drittel alle Journalisten sind Akademiker.[7] Dabei ginge der Trend, so Fischer, zum multifunktionalen Journalisten, der alles kann, aber nichts besonders gut. Trotzdem hält sie Fachkenntnisse, zum Beispiel aus dem medizinischen, ernährungs- oder naturwissenschaftlichen Bereich für eine gute Voraussetzung. Sie selbst hat Journalistik und Kulturwissenschaften studiert und ihr Volontariat beim Hörfunksender *Stimme der DDR* absolviert.

Wer sich für die Nachrichtenmoderation interessiert, sollte, so Fischer, zunächst einmal einen Sprecherzieher aufsuchen. »Die geben schnell Feedback, ob man das Zeug dazu hat, mit Sprechen sein Geld zu verdienen«, erklärt sie. Das Äußere dagegen spiele in der Nachrichtenmoderation eher eine untergeordnete Rolle. »In der Maske kann man eine Menge machen. Trotzdem ist es wichtig, seinen eigenen Stil zu entwickeln, was Frisur, Kleidung und Schminke angeht.« Apropos Maske: Nach der Spätschicht lässt sich Fischer abschminken und verlässt gegen 23 Uhr den Sender. »Aber da kann man natürlich nicht schlafen. Also gehe ich aus, unterhalte mich, lese etwas. Bloß Fernsehen gucke ich dann ganz sicher nicht mehr.«

Für den Einstieg in die Nachrichtenmoderation rät Fischer außerdem zu Eigeninitiative und Durchhaltevermögen: »So viel wie möglich zu Castings gehen. Rufen Sie überall an, schreiben Sie überall hin. Früher oder später kriegt man schon seine Chance.« Dabei müsse man damit leben, dass es nicht gleich beim ersten Mal klappt. Jedes Casting ist auch ein Training.

Interview

Heiner Bremer ist Moderator der Nachrichtensendung *RTL-Nachtjournal*, die montags bis freitags über eine Million Zuschauer von Mitternacht bis 0.30 Uhr vor den Fernseher zieht.

Frage: Wie lange dauert Ihre Nacht?
Bremer: Nach der Sendung haben wir in der Redaktion Nachtkonferenz, in der alle Beiträge ausgewertet werden. Die Beiträge kommen ja nicht nur von den Kölnern, sondern auch von den

Berliner Kollegen. Vor eins komme ich eigentlich nie aus der Redaktion, und meine Nachttischlampe geht selten vor halb drei aus. Dann beginnt für mich die einzige nachrichtenfreie Zeit.

Frage: Und die dauert bis mittags?

Bremer: Leider nicht. Unsere Gesamtkonferenz ist zwar erst um 14 Uhr, aber die Nachrichten kommen den ganzen Tag rein und müssen ständig aktualisiert werden. Ich kann nicht in meine Redaktionskonferenz kommen und sagen ›Hallo, was habt ihr denn heute so zu bieten?‹. Stattdessen beginne ich vormittags mit dem Lesen der Tageszeitung und dann geht der Tag weiter mit Nachrichten, Nachrichten, Nachrichten, bis eben mindestens um eins.

Frage: Muss man Nachrichten um Mitternacht anders präsentieren als am Tag?

Bremer: Aber sicher! Ich muss nachts mehr akzentuieren, stärker betonen. Gegenüber der Sprechweise meines *RTL-aktuell*-Kollegen Peter Klöppel von den Hauptnachrichten um 18.45 Uhr mag das vielleicht manchmal etwas unnatürlich klingen, aber ich muss jede Nacht einen Kampf führen gegen die Müdigkeit der Zuschauer und die Macht des Schlafs. Dieser Kampf wird nicht nur über die Moderation geführt. Ebenso wichtig ist, dass die Beiträge journalistische Ansprüche erfüllen und auf besondere Art über Text und Bild locker und flott rüberkommen. Wir versuchen eben, dem Zuschauer komplizierte Sachverhalte so einfach und verständlich wie möglich zu präsentieren. Und das findet man im deutschen Fernsehen ganz selten: Ein aktuelles Nachrichtenmagazin, das speziell für Spätgucker gemacht ist, aber eben auch mit dem natürlichen Bedürfnis nach Ruhe im Konflikt steht.

Frage: Ist es nicht ein schlechtes Zeichen, wenn die Zuschauer beim *Nachtjournal* mit dem Schlaf kämpfen?

Bremer: Das hat nichts mit der Qualität des *Nachtjournals* zu tun. Wir sind das erfolgreichste Nachtmagazin im deutschen Fernsehen und vor allem bei jungen Zuschauern beliebt. Aber um Mitternacht arbeitet das Großhirn einfach anders als um 20 Uhr. Nachrichten, Politik und Fakten kann man sich eben nicht mehr so einfach reinziehen wie einen Schwarzenegger.

Frage: Wenn Sie sich an eine jüngere Zielgruppe wenden, warum dann nicht mit einem betont jugendlichen Moderator?

Bremer: Mit weißen Haaren vermittelt man Seriosität und Verlässlichkeit, auch einen Charme, der zur nächtlichen Stunde passt. Die Art der Moderation hat Einfluss auf die Glaubwürdigkeit der Nachrichten. Unsere Zuschauer verstehen mich und kaufen mir das Gesagte auch ab. Außerdem bin ich davon überzeugt, dass man immer so alt ist, wie man sich fühlt. Ich kenne Leute, die sind mit zwanzig schon Mitte vierzig, und es gibt andere, die mit über fünfzig durchaus noch mit den Dreißigjährigen mithalten können.

Frage: Waren Sie schon immer ein Nachtarbeiter?

Bremer: Ich kann nicht gut früh aufstehen. Schon während meiner Zeit als Redakteur beim *Stern* habe ich mich morgens eher in die Redaktion geschleppt. Ich mache das Nachtjournal jetzt seit 1993, und seitdem geht es mir besser. Natürlich würde ich gern mal abends ins Theater gehen. Aber statt eines Opernbesuchs brüte ich dann über der Moderation zu irgendeinem politischen Ereignis.

Frage: Und das wird auch so bleiben?

Bremer: Vielleicht denke ich zum zehnjährigen Moderationsjubiläum darüber nach, etwas Anderes zu machen. Meine Nachfolger könnten die Sendung allerdings anders anpacken. Bis heute ist das *Nachtjournal* konzeptionell auf einen Anchorman ausgerichtet. In Zukunft könnten sich vielleicht zwei Kollegen den Job teilen, dann bleibt für beide die Möglichkeit, auch ein privates Nachtleben zu haben.

Info-Box

Die großen Spätnachrichten im Internet:

www.tagesthemen.de (inklusive Bericht aus Berlin)
www.nachtmagazin.de
www.heutejournal.de
www.heutenacht.de
www.sat1.de/nachrichten
www.nachtjournal.de

Society-Reporter

Verona Feldbusch beim Nasepudern auf der Damentoilette nach ihrer wahren Geschichte mit Dieter Bohlen zu befragen – sieht so der Job einer Society-Reporterin aus? »Es gibt einen großen Unterschied zwischen den Klatsch-Kolumnisten der Yellow-Press und den Leuten, die für Hochglanzmagazine arbeiten. Hier muss man mit viel Fingerspitzengefühl vorgehen«, erklärt Sabine Thomas, die als Society-Reporterin aus dem bayerischen Herrsching für verschiedene Magazine schreibt. Und sie ergänzt: »Man muss sich das Vertrauen der Leute hart erarbeiten und dabei langfristig denken. Lieber mal etwas für sich behalten – auch wenn es schwer fällt! Dafür wird man irgendwann mit einer heißen Exklusivstory belohnt.«

Thomas berichtet im Auftrag von Print-Redaktionen über die Reichen und Schönen, die Stars und Sternchen. Ihr Parkett: Golf- und Tennis-Turniere, Film- und Theaterpremieren, Benefizveranstaltungen wie die Aids-Gala, Schmuck- und Modepräsentationen, Medienpreise wie der Bambi, der Regenbogen-Award und die Goldene Henne. Auch zum Royal Dinner zu Gunsten einer Stiftung für Drogensüchtige mit Königin Silvia von Schweden war Thomas schon geladen.

Erste Voraussetzung für den Job einer Society-Reporterin: wissen, wie man in die exklusiven Zirkel hineinkommt. »Die Veranstaltungsagenturen müssen einen kennen und wissen, dass man schön über solche Events berichten kann«, erklärt Thomas. Manche Veranstaltungen sind jedoch so heiß begehrt, dass an eine Akkreditierung nur schwer heranzukommen ist. Dann wird die Society-Reporterin kreativ. Mehr als »man kann sich einen sündhaft teuren Wagen leihen, auf dem Parkplatz eine wichtig aussehende Person in ein Gespräch verwickeln und so an der Einlasskontrolle vorbeirauschen« will sie allerdings nicht verraten.

Um sich detailliert vorzubereiten, geht Thomas vor einem hochklassigen Ereignis die Gästeliste durch. Entdeckt sie darauf Namen, die sie nicht unmittelbar zuordnen kann, recherchiert sie in den einschlägigen Magazinen (*Bunte*, *Gala*, *Das Neue Blatt*) und sucht nach Fotos. Viele Gäste sind gerade hip, weil sie einen neuen

Film gemacht oder einen Preis bekommen haben. »Zu so einem Promi kann man nicht hingehen und fragen: ›Was machen Sie denn so?‹ Da muss man schon wissen, wen man vor sich hat«, erklärt Thomas. Ein gutes Gesichter- und Namensgedächtnis und natürlich ein breites Wissen über Prominente sind Grundlage für den Job.

Thomas arbeitet eng mit einem Fotografen zusammen. Vor dem Event legen die beiden fest, welche Personen unbedingt abgelichtet werden sollen. Oft gibt es nur am Eingang die Möglichkeit dazu. Dort stürzen sich allerdings gleichzeitig alle Redakteure, Fotografen und Kameraleute auf die Promis. »Nachher findet man in jedem Magazin dieselben Red Carpet-Shots. Darum versuchen wir natürlich immer, außergewöhnlichere Aufnahmen zu machen«, erzählt Thomas. Auch sie selbst ist stets mit einer Minikamera bewaffnet. »Schließlich weiß man nie, was passiert. Manchmal tauchen Promis auf, mit denen keiner gerechnet hat. Einige Namen sind bis zum Ende top secret«, erklärt sie.

Die meisten prominenten Partyteilnehmer sind ausgebuffte Medienprofis. Thomas erzählt: »Die wissen, dass sie unter ständiger Beobachtung stehen. Und dann stellen sie sich in Konstellationen zusammen, die für die Presse ein gutes Foto abgeben: Loriot und Caroline von Monaco zum Beispiel oder Thomas Gottschalk und Hannelore Elsner. Das gibt einfach mehr her als die üblichen Fotos von Gatte mit Gemahlin.«

Eine Society-Reporterin muss sich sicher, aber unauffällig in einem exklusiven Rahmen bewegen können. Schließlich ist nicht die Reporterin der Star, sie darf nicht auffallen, auch nicht als Journalistin. Entsprechende Abendgarderobe ist gefragt, dazu gute Manieren, Feingefühl, Diplomatie und natürlich kommunikative Stärken. »Man muss richtig gut im Smalltalk sein, aber auch bei anspruchsvolleren Themen mitreden können«, betont Thomas.

Und diskret müsse man sein. Denn auch Prominente benehmen sich manchmal daneben. Eine Society-Reporterin allerdings bewahrt in diesen Fällen Diskretion. Die Story über den betrunkenen Nachrichtenmoderator, der auf der Tanzfläche herumtorkelt, ist eher etwas für den Klatschkolumnisten. Thomas dagegen würde sich mit einer Veröffentlichung ihre guten Kontakte verscherzen.

»Die Agenturen müssen ihre Gäste schützen, auch wenn die sich nach ein paar Gläsern Champagner mal nicht mehr so im Griff haben.«

Apropos Champagner: Auf Kosten des Hauses teure Tropfen zu trinken ist für Thomas nicht drin. Auch sie steht unter ständiger Beobachtung, und ein einziges Glas gemischt mit Adrenalin im Blut kann schon zu viel sein. Sie ergänzt: »Manchmal schämt man sich für Kollegen in Grund und Boden. Die stopfen sich am Büffet den Mund voll, spülen mit Bier hinterher, hauen dann der Gastgeberin auf die Schulter und bedanken sich für die tolle Party. Solchen Leuten wird allerdings schnell die Tür gezeigt.«

Doch auch Thomas sind schon peinliche Fauxpas unterlaufen: Bei einem hochkarätigen Society-Event sprach sie die damals frischgebackene Kanzlergattin Doris Schröder-Köpf im Eifer des Gefechts versehentlich mit »Guten Abend, Frau Schröpf« an. Die ehemalige Journalistin nahm es zum Glück mit Humor. Neben Reportagen schreibt Thomas Kurzgeschichten und Kurzkrimis, darunter *Die Königin der Nacht*, zu dem sie sich von vielen High-Society-Erlebnissen inspirieren ließ.[8] Ihr erster Roman: *Yaizas Insel*.

Info-Box

Magazine, die über große Society-Events berichten:

Bunte
Arabellastr. 23
81925 München
Tel.: (0 89) 92 50 21 74
Fax: (0 89) 92 50 31 14
www.bunte.de

Gala
Schaarsteinweg 14
20459 Hamburg
Tel.: (0 40) 3 70 30
Fax: (0 40) 37 03 57 44
www.gala.de

Max
Milchstr. 1
20148 Hamburg
Tel.: (0 40) 41 31 35 09
Fax: (0 40) 41 31 20 58
www.max.de

Feine Adressen
Wallbergstr. 13
82024 Taufkirchen
Tel.: (0 89) 61 20 20
Fax.: (0 89) 6 12 02 25
www.feineadresssen.de

Polizeireporter

»Eifersuchtsdrama im Reihenhaus«, »Millionen-Michi frei«, »Mord im Jugendknast« – mit Schlagzeilen wie diesen lassen sich Boulevardzeitungen gut verkaufen. Die Journalisten dahinter allerdings leiden unter einem schlechten Ruf: Laut Klischee sind sie kalt und gefühllos und stets auf der Suche nach dem Bösen im Mitmenschen. Doch so mancher Journalist hat sich hier seine ersten Sporen verdient, beispielsweise Friedrich Nowottny, ehemaliger WDR-Intendant und Ex-Moderator der Politsendung *Bonn direkt*.

Auch Karim Mahmoud, Polizeireporter beim Berliner Kurier, ist nicht von der eiskalten Sorte. »Ich würde nicht weit kommen, wenn ich beispielsweise bei dem Angehörigen eines Opfers mit der Tür ins Haus falle und ihm gleich private Fragen stelle«, widerspricht er dem Klischee. »Im Gegenteil, man muss sehr sensibel mit den Menschen umgehen, die man nach einem Schicksalsschlag befragt«, so der Polizeireporter. »Und fair sein. Wenn mir jemand sagt, er will nicht mit mir sprechen, dann bedränge ich ihn auch nicht.« Doch meistens steht das gar nicht zur Debatte. Schließlich reden viele, die etwas Schreckliches erlebt haben, gerne mit Polizeireportern, »weil wir oft als Erste da sind«, erklärt der Journalist.

Schwere Verkehrsunfälle, Einbruch, Raub, Mord, Familiendramen, Knastgeschichten: Die Schattenseiten des Lebens liefern den Stoff für die Polizeireporter. Und das vorzugsweise nachts: »Der Täter hat in der Dunkelheit einfach mehr Möglichkeiten unerkannt zu operieren«, erklärt Winfried Roll, Leiter der kriminalpolizeilichen Beratungsstelle Berlin. In der dunklen Jahreszeit steigt die Zahl der Einbrüche im Vergleich zu den Frühlings- und Sommermonaten fast um das Doppelte.[9] Büro- oder Geschäftszeiten spielen für den Polizeireporter daher keine Rolle. Mahmoud bestätigt: »In jeder Sekunde kann etwas passieren. Aber die Stunde des Polizeireporters schlägt eher um Mitternacht als morgens früh.«

Wenn etwas passiert, müssen die Polizeireporter zuerst den Ort des Geschehens sichten. Sie befragen Freunde und Nachbarn von Tätern und Opfern, besorgen Fotos, beschaffen bei Insidern Hintergrundinformationen über einen Verdächtigen. Natürlich gibt es auch Deadlines: Was bis zum Druck nicht fertig im Computer steht, muss bis zum nächsten Tag warten. Doch wenn die Zeitung fertig ist, Stress und Zeitdruck auf dem Weg nach Hause abfallen, beginnen auch hartgesottene Polizeireporter das Erlebte zu realisieren. »Sinnlose Gewalttätigkeit und nicht nachvollziehbare Motive – so was nimmt mich natürlich mit, wie jeden anderen Menschen auch«, so Mahmoud.

Gott sei Dank gehören die Tage, an denen der Polizeireporter die Eltern eines vermissten Mädchens aufsuchen muss, zu den Ausnahmen. Viel Arbeit wird vom Schreibtisch aus erledigt: Telefonieren, Nachrichten sondieren, recherchieren. »Eigentlich wollte ich gar kein Journalist werden, habe während meines Studiums weder Praktika gemacht noch als Freier für eine Tageszeitung gejobbt.« Trotzdem nahm ihn nach Abschluss seines Philosophiestudiums eine Tageszeitung als Polizeireporter – das klassische Boulevardressort neben Klatsch und gut für große Geschichten.

Obwohl hierzulande fast jeder lesen und schreiben kann, befähigt das nicht automatisch dazu, Boulevardjournalismus zu betreiben. Mit wenigen Worten viel zu sagen, eine lebendige und natürliche Sprache, sich immer wieder auf das Wesentliche konzentrieren gehören dazu, ebenso das Wissen, wann Leute mit vollem Namen genannt werden und ob ein Verdächtiger im Bild gezeigt werden darf oder nicht. Sonst folgt die Quittung, und die heißt Gegendarstellung. »Solche groben Fehler sind mir zweimal in meiner Karriere unterlaufen. Dann habe ich mir das Landespressegesetz genau vorgenommen und studiert«, so Mahmoud. Aber nicht nur das Wissen um die Gesetze hält er für unabdingbar: »Polizeireporter müssen mehr auf ihre Worte achten als irgendein anderer Journalist. Die Berichterstattung darf niemals urteilen. Die Verben, Adjektive, Attribute dürfen auch nicht suggerieren oder zu falschen Assoziationen führen.« Er selbst hat sich darum angewöhnt, jeden Artikel mehrmals zu lesen und genau zu kontrollieren.

Zum Handwerkszeug des Polizeireporters gehören nicht nur die Schreibe, sondern auch gute Kontakte zu Justiz, Feuerwehr und Polizei. Neben den offiziellen Pressestellen, die die Redaktionen mit Meldungen versorgen, liefern Informanten Hintergrundinfos oder stecken den Reportern Nachrichten – auch wenn das kaum einer bestätigen würde. Viele hören den Polizeifunk ab und sind so permanent auf dem Laufenden über Einsätze, tags wie nachts. Oftmals werden die Journalisten auch per Handy direkt von den Beamten benachrichtigt.

Zusätzlich zum Wissen um die Spielregeln ist es für angehende Polizeireporter wichtig Ruhe und Übersicht behalten, um den tagesaktuellen Produktionsstress in den Zeitungen durchzustehen. »Und natürlich muss man mit dem schlechten Ruf des Polizeireporters leben, auch unter den Kollegen aus den Politik- oder Kulturredaktionen. Als Polizeireporter steht man in der Hierarchie der Journalisten an unterster Stelle«, sagt Mahmoud. Und das, obwohl die Schlagzeilen von morgen wahrscheinlich wieder aus seinem Ressort kommen.

Info-Box

Der Königsweg zum Journalismus ist das Volontariat, eine zweijährige Ausbildung bei Tageszeitungen, Magazinen, Rundfunk oder Fernsehen (nach dem Abitur oder nach einem Studium). Auch talentierte Quereinsteiger haben eine Chance.

Infos zur journalistischen Ausbildung:

Deutscher Journalisten-Verband
Bennauerstraße 60
53115 Bonn
Tel.: (02 28) 20 17 20
Fax: (02 28) 2 01 72 33
www.djv.de

Bundesverband deutscher
Zeitungsverleger
Markgrafenstraße 15
10969 Berlin
Tel.: (0 30) 72 62 99 80
Fax.: (0 30) 7 26 29 82 99
www.bdzv.de

Eine nachlässige Recherche, ein unverantwortlich aufgebauschter Bericht, die Preisgabe nicht gesicherter Polizeiangaben können ein Leben ruinieren. *Der Polizeireporter* von Karl Roithmeier ist ein Leitfaden für Journalisten, die sich mit den Aufgaben der Polizei und mit Verbrechen auseinander setzen müssen. Zu beziehen über:

Deutscher Presse Verband
Stresemannstraße 375
227861 Hamburg
Tel.: (0 40) 8 99 77 99
Fax: (0 40) 8 99 77 79
www.dpv.org

Zum journalistischen Schreiben allgemein empfehlen sich Bücher von Wolf Schneider, Urgestein des deutschen Journalismus. Zum Beispiel:

Deutsch für Profis, München 1999.
Handbuch des Journalismus, (mit Paul-Josef Raue), Reinbek 1998.

Weitere Jobs in den Medien

Gästebetreuer

Ein Einstiegsjob in die Branche: Die Gäste einer Talkshow müssen empfangen und versorgt werden. Gemeinsam wird der Ablauf durchgesprochen. Dann stellt der Gästebetreuer, die Gästebetreuerin die Moderatoren vor und hilft bei Lampenfieber. Sie bringt den Gast in die Maske, sorgt für Garderobe und Getränke und kümmert sich darum, ihm einen angenehmen Aufenthalt zu bereiten. Gelingt das, ist er auch eher bereit, sich in der Sendung zu öffnen. Am Schluss übergibt die Gästebetreuerin das Video von der Sendung und sorgt für ein Taxi.

Cutter

Solange die Nachrichtenredaktionen arbeiten, brauchen sie Cutter an ihrer Seite, die aus dem tagsüber gefilmten Material Beiträge schneiden. Meistens hat der Autor bereits eine ungefähre Vorstellung von den Bildern, die er dabei haben möchte. Gemeinsam wird beraten, wie Schnitte und Abfolge aussehen sollen und welche Effekte man einsetzen könnte.

Bayerische Akademie für Fernsehen
Betastr. 5
85774 Unterföhring
Tel.: (0 89) 4 27 43 20
Fax: (0 89) 42 74 32 23
www.fernsehakademie.de

Bundesverband Filmschnitt/Cutter
Haimhauser Str. 5a
80802 München
Tel./Fax: (0 89) 33 65 73
www.bfs-cutter.de

Drucker

Wenn die Tageszeitung morgens früh im Briefkasten oder am Kiosk liegen soll, muss sie über Nacht gedruckt werden. Die Druckzeiten richten sich nach der Entfernung. Generell gilt: je kürzer der Auslieferungsweg, desto später der Druck. Bei der Süddeutschen Zeitung beispielsweise ist der erste Auslandsdruck um 18 Uhr, der zweite um 20 Uhr, wobei es verschiedene Druckorte gibt (Frankfurt/M., Essen, Berlin, München). Gegen 22 Uhr werden die Nordbayern- und Südbayernausgabe gedruckt. Ab 23 Uhr die Stadtausgabe München bis 3 Uhr morgens. Die Drucker und Ingenieure für Drucktechnik arbeiten in Früh- und Spätschichten, manche Kollegen ausschließlich nachts.

5.

Kunst, Musik, Showbusiness

Die Nacht gehört auch der großen und kleinen Kunst. Wenn die Lichter in den Büroetagen ausgehen, gehen sie in Oper, Theater, Musicalbühne und Konzerthaus erst an. Auch die Besucher und Besucherinnen verändern ihr Äußeres: Sie tauschen graue Anzüge gegen feinen Zwirn, das Businesskostüm gegen ein Abendkleid. Noch ein kurzer Blick in den Spiegel, Handy ausgestellt, den ungelesenen Rest der Tageszeitung in den Papierkorb. Was am Tag noch wichtig war, tritt jetzt in den Hintergrund. Wenn der Vorhang sich öffnet, beginnt eine andere Welt. Fantasie statt Telefongebimmel, Muße und Genuss statt Termine. Neben den Künstlern selbst (Schauspieler, Sänger, Musiker, Tänzer) arbeiten hier Regisseure, Dramaturgen, Maskenbildner, Beleuchter, Souffleure, Requisiteure und Platzanweiser.

Doch nicht alle Kunst ist schick und fein: Popkonzerte und Rockspektakel bieten ihren Besuchern Show, Musik, Szeneambiente und Bier. Auch hier steckt hinter der Bühne eine Menge Arbeit: Organisatoren, Manager, Promoter, Roadies und Techniker sorgen für den reibungslosen nächtlichen Ablauf. Bei Open-Air-Konzerten kümmern sich zusätzlich Pyrotechniker ums Feuerwerk.

Aber der Reihe nach. Der Abend beginnt mit der Eröffnung durch den Conférencier: Willkommen, Bienvenue, Welcome.

Conférencier

In alter Varietétradition eröffnet der Conférencier die Vorstellung mit der Begrüßung der Gäste. Er ist Stellvertreter des Gastgebers auf der Bühne und geleitet die Zuschauer und Zuschauerinnen durchs Programm. Dabei hat er von allen auf der Bühne die meisten Freiheiten. Sein Text ist nicht vorgegeben, er kann leichter variieren und auf die Stimmung im Publikum eingehen.

Ein Conférencier der modernen Art ist Peter Kunz, der sich selbst lieber als Bühnenmoderator bezeichnet. »Unter Conférencier stellt man sich einen dicken Typen vor, der zusätzlich Bauchredner ist und mit einer Puppe auf dem Arm rumläuft.« Er dagegen steht fast immer mit Businessoutfit und Mikrofon auf der Bühne. Sein Metier sind Empfänge, feierliche Eröffnungen, Galas und Wahlkampfveranstaltungen. Früher hat er auch Produktpräsentationen und Messen moderiert. »Aber das ist natürlich ein Riesenunterschied, ob du morgens um neun vor zwei verschlafenen Messebesuchern Produkte präsentierst oder ob du in einer lauen Sommernacht am Rhein eine Riesen-Open-Air-Veranstaltung machst«, so Kunz. Er zieht daher die großen Events am Abend vor. »Das ist eine ganz andere Atmosphäre, wenn die Leute in feinen Klamotten vor dir stehen und sich amüsieren wollen.«

Eigentlich ist Kunz Bauingenieur. Zur Moderation kam er über eine Nachtsendung bei Radio Darmstadt. Das Ehrenamt beim Bürgerfunk brachte ihn auf den Geschmack: »Ich dachte mir: was ich hier mache, kann ich eigentlich auch für Geld tun«, erzählt Kunz. Er begann, als Radio-Moderator für MDR Life in Leipzig und Radio Energy in Sachsen zu arbeiten. Wie er an die Jobs kam? »Man schickt ein Demoband mit einer fiktiven Radiosendung an den Programmchef. Der hört sich das eine Minute an und entscheidet, ob er es mag oder nicht.« Offensichtlich mochte er.

Um sich für die großen Galas fit zu machen, nahm Kunz Sprechunterricht bei einem Theaterregisseur. »Wenn das Publikum in freudiger Erwartung auf die Bühne schaut, dann muss jede Silbe, jede Betonung stimmen. Wer große Veranstaltungen moderiert, muss das Knistern im Saal auffangen und die Erwartungen erfüllen.« Das sei auch der Grund, warum für große Veranstaltungen professionelle Conférenciers gebucht werden, und nicht »Herr Müller, der sonst die Buchhaltung macht.«

Manche Veranstaltungen sind zweigeteilt: Für die Lufthansa wirkte Kunz an einem Wochenende mit, an dem tagsüber Mitarbeiter in Trainings und Workshops geschult wurden. Abends übernahm Kunz. »Wenn die aus ihren Kursen kommen, dann reißen sie sich fast die Jacketts und Krawatten runter und wollen endlich Spaß haben.« Kunz moderierte Spiele unter dem Motto »1001 Nacht«, verloste Preise und leitete dann – endlich! – zum DJ über. »Man muss genau wissen, wann man genug gesagt hat. Die Leute werden schon den ganzen Tag mit Worten beschallt. Deren Geduld ist abends nicht mehr so groß.«

Kunz moderierte auch Großveranstaltungen im Bundestagswahlkampf von Gerhard Schröder, plauderte in politischen Talkrunden mit Ministerpräsidenten und Lokalpolitikern. Wenige Tage vor der Wahl kamen 20 000 Leute zu einer großen Open-Air-Gala in Wiesbaden. Alle wegen Gerhard Schröder? Nun ja, auch Popstars à la Wheathergirls traten auf. Die Veranstaltung endete mit einem großen Feuerwerk. »Dann gehen die Leute glücklich ins Bett mit dem Gefühl, einen tollen Abend erlebt zu haben.«

Kunz selbst ist zufrieden, wenn die Veranstaltung gut organisiert ist, die Technik funktioniert und viele Leute da sind. »Aber auch in verregneten Nächten oder in halbleeren Hallen muss ich mit derselben Professionalität auf die Bühne gehen. Wenn ich nicht natürlich und selbstbewusst auftrete, folgen die Leute mir nicht, sondern schalten ab.« Zusätzlich zur Radio- und Bühnenmoderation betreibt Kunz eine Medienagentur, die Service für alle Fälle bietet. Vor allem für Außergewöhnliches: Showtiere, wie Fritz der Elefant, Showtrucks mit mobiler Bühne, Bodypainter oder ein ärztliches Notfallteam. Vor allem aber liefert Kunz Know-How: »Nicht jedes Unternehmen hat eine Eventagentur. Da gibt es oft großen Bedarf an Beratung.«

Nach seinem Tipp für ambitionierte Nachwuchs-Conférenciers, pardon Moderatoren, gefragt, antwortet Kunz: »Fangen Sie mit kleinen Veranstaltungen an. Es ist viel besser, 20 Weihnachtsfeiern von Kleintierzüchtervereinen zu moderieren als grübelnd zu Hause auf dem Sofa zu sitzen.« Machen, machen, machen – das sei das

Motto in der Branche. Er selbst ruht sich jedenfalls nicht auf seinen Lorbeeren aus. Seine Pläne für die Zukunft: »Einen Angriff in Richtung Fernsehen starten, meine Firma ausbauen und mit dem SV Darmstadt 98 in die Bundesliga aufsteigen.« Seinen wichtigsten Einsatz hat er nämlich nach wie vor in Darmstadt: Zu jedem Heimspiel des Regionalligisten übernimmt Kunz die Stadionmoderation am Böllenfalltor.

Info-Box

Peter Kunz präsentiert sein Angebot auf der Internetseite www.peterkunz.de.
Moderatoren werden vermittelt unter: www.moderatorenagentur.de.

Konzertveranstalter

Der amerikanische Jazzsänger Al Jarreau nannte ihn einmal liebevoll »everybody's papa«: Fritz Rau gilt als Vaterfigur für seine musikalischen Schützlinge. »Für mich kommen immer erst die Künstler, an zweiter Stelle die Musik«, gesteht der Pfälzer. Bei Rau fühlten sich Musiker wie David Bowie, Bruce Springsteen und die Rolling Stones gut aufgehoben. Jimi Hendrix hat bei ihm zu Hause übernachtet – wahrscheinlich ist es spät geworden. »Mein Geschäft ist die Nacht. Nachts sind die Konzerte, nachts wird gespielt, nachts wollen die Künstler was erleben oder im Hotel ihren Erfolg feiern«, sagt Rau. Seine Rolle dabei: »Ich bin Veranstalter, größter Fan meiner Künstler und Mitternachtspsychiater in einem. Auch wenn einer nach seinem Auftritt Depressionen kriegt, bin ich für ihn da.« Das sei Knochenarbeit und nichts für Leute, die sich einfach nur im Glanz der Promis sonnen wollen.

Der Beruf des Konzertveranstalters ist eigentlich ein 24 Stunden-Job. »Auf neue, kreative Ideen komme ich nicht am Schreibtisch, sondern wenn ich mein Unterbewusstsein darauf programmiere«, sagt Rau. Dafür schaut er sich so häufig wie möglich die

Shows seiner Musiker an. »Aber man darf nicht nur im eigenen Saft schmoren. Auch die Auftritte von anderen liefern wieder gute Ideen und Inspiration.« Um den Stress und die langen Nächte zu überstehen, müsse man für den Job, für die Musik, für den Star und das Ereignis brennen. Wenn der Vorhang aufgeht, ist Rau genauso aufgeregt wie der Künstler selbst.

Kein zweiter hat die Konzertszene Deutschlands so geprägt wie Rau. Seit den fünfziger Jahren kümmert er sich mit Leidenschaft um die Großen des Pop- und Rockgeschäfts und um den Nachwuchs. Einer seiner musikalischen Zöglinge ist Peter Maffay. »Am Anfang spielte der vor fünfhundert Leutchen. Jetzt füllt er drei Abende hintereinander große Hallen«, so Rau nicht ohne Stolz. Er sucht noch heute für Maffay die richtigen Konzert-Locations aus, entwickelt die Promotion für den Künstler und sein Produkt, verhandelt mit Plattenfirmen, organisiert die Tour.

Dass Rau auch im hohen Alter noch ganze Nächte durchhält und manch jugendlichen Nachtschwärmer abhängt, liegt an seiner Biografie. Schon als Jura-Student machte er in seinem berühmten Club Cave 54 in Heidelberg die Nacht zum Tag. Dort stritten sich die Rhein-Neckar-Existenzialisten über Sartre und Camus, während auf der Bühne spätere Legenden wie Ella Fitzgerald und Count Basie spielten. Raus Marketingstrategie bestand damals darin, Handzettel zu drucken und sie eigenhändig vor der Uni zu verteilen. Heute arbeiten über hundert Leute an einem Maffay-Konzert mit. »Mein Erfolgsrezept sind Präzision und Disziplin. Präzision, weil eine Veranstaltung bis ins Detail geplant werden muss, um eine Nacht ohne Unannehmlichkeiten zu erleben. Disziplin hat mich all die Jahre auf den Beinen gehalten«, verrät er.

Neben Planung und Organisation kümmern sich Konzertveranstalter auch um die Sponsorensuche: Sie pflegen ihre Kontakte bei Empfängen, Galaveranstaltungen, Preisverleihungen und im Backstagebereich der Konzerte. Sie wissen, wer für welches Event als Sponsor in Frage kommt und was dem Werbepartner für sein Engagement geboten werden kann. Denn bei allem Spaß an der abendlichen Show darf tagsüber das Wirtschaftliche nicht vergessen werden. Immerhin haben die deutschen Musikveranstalter nach Angaben des Bundesverbands der Veranstaltungswirtschaft im Jahr 2000 einen Umsatz von über 2,5 Milliarden Euro gemacht. »Weit mehr als der Tonträgermarkt«, so Jens Michow, Geschäftsführer und Präsident des Verbands.

Wie viele Bereiche der Freizeitwirtschaft, so wird auch die Branche der Konzertveranstalter immer professioneller. Wo früher ein Kumpel der Band die Tour organisierte und für Bier und Aftershowparty sorgte, treten jetzt professionelle Dienstleister auf. Die Nacht wird vom Abendessen bis zum Chillout durchorganisiert. Damit steigen auch die Anforderungen an die Mitarbeiter. So wird in Stellenanzeigen nicht nur nach gutem Auftreten, Teamfähigkeit, Flexibilität, Kreativität und Kommunikationsfreude gefragt. Betriebswirtschaftliche und kaufmännische Kenntnisse müssen auch zwischen Geisterstunde und Morgengrauen noch abrufbar sein.

Industrie- und Handelskammern vermitteln in einem offiziellen dreijährigen Ausbildungsgang Veranstaltungskaufmann das nötige Handwerkszeug: Vertragsrecht, Kalkulation, Finanzierung, Buchhaltung, Marketing und Organisationsplanung. All das aber nutze nichts, wenn einem nach dem Sandmännchen schon die Augen zufallen, so Rau. Was man daher von Haus aus mitbringen sollte: auch Stunden nach dem Konzert noch fit für eine Zugabe zu sein – notfalls am Schreibtisch.

Info-Box

Informationen zum Ausbildungsberuf Veranstaltungskaufmann gibt es hier:

Industrie und Handelskammer
Breite Straße 29
10178 Berlin
Tel.: (0 30) 20 30 80
Fax: (0 30) 2 03 08 10 00
www.ihk.de

Bundesverband der
Veranstaltungswirtschaft
Lenhartzstraße 15
20249 Hamburg
Tel.: (0 40) 4 60 50 28
Fax: (0 40) 46 88 14 17
www.idkv.de

Über den Ausbildungs-Stellen-Informationsservice (ASIS) der Bundes-anstalt für Arbeit (www.arbeitsamt.de) findet man unter dem Stichwort Veranstaltungskaufmann Firmen, die ausbilden.

Eine Auflistung von Fernlehrgängen im Bereich Marketing und Mana-gement gibt es bei:

Deutscher Fernschulverband
Doberaner Weg 20
22143 Hamburg
Tel.: (01 80) 5 33 76 62
Fax: (01 80) 5 33 76 71
www.fernschulen.de

Bandmanager

Rockbands spielen ziemlich spät. Meistens startet nicht mal die Vorgruppe vor 21 Uhr. Auch die Texte spielen weitgehend nachts. Thema Nummer Eins: die Liebe (nebst Sex und Eifersucht), gefolgt von Partys, Trinkgelagen und Träumen.

Interview

In punkto wilde Auftritte mit Blutspucken und Feuerwerk gilt die US-Rockband KISS als bislang ungeschlagen. In den siebziger Jah-ren ließen sie sich mit Hits wie *Rock'n Roll all Night*, *I was made for loving you* oder *Black Diamond* als größte Glamrockband der Welt feiern. Auf eine Milliarde Dollar werden die Einnahmen aus verkauften Platten, CDs, und Merchandise-Artikeln mittlerweile geschätzt.[10] Und der Spuk ist noch lange nicht vorbei: Mit giganti-schen Plateaustiefeln und Out-of-Space Masken spielten Gene, Paul, Peter und Ace 2001, nach einem fulminanten Revival Ende der neunziger Jahre, auf dem Roten Platz in Moskau.

Chris Lendt war Vizepräsident der Glickman/Marks Manage-ment Corp. in New York, Business-Management von KISS. Mit den vier exzentrischen Musikern reiste er um die Welt und kümmerte sich um die Geschäfte hinter der Bühne. Da die Musik an sich nicht viel hermachte, konnten die Platten weniger über das Radio promotet werden. Es waren die nächtlichen Shows, die Millionen von Fans in die Plattenläden trieben. KISS tourte daher unentwegt. In zwölf Jahren begleitete Kassenwart Lendt KISS bei über 800 Konzerten in 25 Ländern. Mit einem Business-Abschluss der University of Southern California arbeitet er heute als Berater für Unternehmen der Unterhaltungsindustrie.

Frage: Sie haben direkt nach Ihrem Abschluss an der Business-School angefangen für KISS zu arbeiten. Was mussten Sie dafür lernen?

Lendt: Als allererstes: ein guter Zuhörer sein, von morgens bis abends, aber vor allem von abends bis morgens. Das Rockgeschäft richtet sich nicht nach Bürozeiten. Zweitens: die Branche kapieren, indem ich alles sehr genau beobachtet und jede Menge Leute getroffen habe. Drittens: Ich musste die persönlichen Beziehungen der Bandmitglieder zu den ganzen Leuten drumrum verstehen. Viertens: mich pedantisch um jedes Detail kümmern. Und fünftens: ich selbst sein – als Businessman, nicht als Rock'n'Roller.

Frage: Sie haben Ihren Job 1976 durch eine Stellenanzeige bekommen – nicht gerade typisch fürs Rockgeschäft. Was hatten Sie ursprünglich geplant?

Lendt: Ich habe mich immer für die Unterhaltungs- und Medienbranche interessiert. Ursprünglich dachte ich, nach dem Abschluss gehe ich zu einem Fernsehsender oder in ein Filmstudio. Als der KISS-Job sich durch die Anzeige in der *New York Times* auftat, habe ich die Chance wahrgenommen. Es klang so ungewöhnlich, und ich dachte, das ist eine Möglichkeit, durch die Hintertür ins Entertainment zu kommen. Ich hatte ja in der Highschool schon eine Band gemanagt und mir viele Nächte in Konzerthallen um die Ohren geschlagen. Also gab es auf einmal einen Weg zurück zur Musik: mit einer Supergroup.

Frage: Über ein Jahrzehnt mit einer Rockband wie KISS zu arbeiten – ist das ein Job oder eher ein Lebensstil?

Lendt: Erst war es ein Job, aber irgendwann wurde es zum Lebensstil. Vor allem das Reisen hat mir Spaß gemacht. Ich hatte die Chance, nicht nur viele, viele Orte zu besuchen, sondern auch mit unglaublich unterschiedlichen Leuten und Charakteren in Kontakt zu kommen: beim Aufbau, während des Konzerts im Backstagebereich, bei den Partys danach. In den zwölf Jahren habe ich mehr erlebt als andere Leute in ihrem ganzen Leben. Die Rock'n'Roll-Branche war total neu für mich, genauso wie die Legionen von jungen Fans, die jede Nacht zu KISS pilgerten. Natürlich mochte ich auch die ganzen Hotels und Restaurants aus dem *Guide Michelin.*

Frage: Was waren Ihre Aufgaben für KISS?

Lendt: Mein beruflicher Hintergrund waren Finanzen, Marketing und Medien. Also bestand meine Hauptarbeit darin, die Finanzangelegenheiten von KISS zu regeln. Außerdem war ich die Verbindung zwischen der Band und allen, die professionell mit der Show zu tun hatten, darunter Konzertveranstalter und Promoter. Ich habe tagsüber die finanziellen Dinge rund um die Auftritte geregelt, die ganze Verwaltung gemacht und die Budgets überwacht. Und ich war fast jeden Abend bei der Show, um zu wissen, worüber in der Band kommuniziert wird, aber auch, um das Geschehen hinter der Bühne zu beobachten.

Frage: Konzerte finden fast immer abends und nachts statt. Wann wurde gearbeitet, wann geschlafen?

Lendt: Unsere Zeitpläne waren immer ziemlich intensiv, oft haben wir fünf Shows pro Woche gemacht. Wir sind in der Regel gegen Mittag losgeflogen, um dann am späten Nachmittag in der Zielstadt die Show vorzubereiten. Nach Soundcheck und Abendessen habe ich mit den Managern und Promotern vor Ort gesprochen, das ging so bis elf, halb zwölf. Manchmal war ich um eins im Bett. Wenn ich mit zu den Partys gegangen bin, später. Allerdings kann man auf keinen Fall jede Nacht durchfeiern. Der Job ist hart, und man muss sich disziplinieren, sonst ist man nach einiger Zeit ausgebrannt. Wer erfolgreich sein will, muss lernen, trotz des ganzen Chaos und trotz der langen Nächte in einer Umgebung, die sich konstant und unvorhersehbar ändert, ein strukturiertes Leben zu führen.

Frage: Waren diese Leute, mit denen Sie beruflich zu tun hatten, ganz normale Geschäftsleute oder waren das eher Teile der Rock'n'Roll-Welt?

Lendt: Die meisten hatten jeweils einen Fuß in beiden Welten. Tagsüber Büro, nachts Rock'n'Roll. Alle Agenten, Promoter und Leute von Plattenfirmen haben eine intensive Beziehung zur Musik. Schließlich verbringt man fast alle Abende auf irgendwelchen Events, bei denen Musiker auftreten. Trotzdem ist man verantwortlich, das ganze als Unternehmen zu managen. Konflikte gab es dann, wenn die Leute den Sinn für die Ausgewogenheit verloren. Die meisten Künstler inklusive auf jeden Fall KISS, sind in dem Geschäft, um Geld zu machen. Gleichzeitig sind sie Kreative, und diese Performance-Welt ist einmalig mit einer ganz eigenen Dynamik, die auf jeden Fall respektiert werden muss. Wer die schwierige Balance halten konnte, war gut in dem Job.

Frage: Das Konzept KISS war exzentrisch, exzessiv und crazy. War das nur Show? Gab es Leute im Hintergrund, die wie jedes andere Büro gearbeitet haben?

Lendt: Die öffentliche Inszenierung von KISS war brillant: wild, überschäumend und extravagant. Das machte die Shows so spektakulär, das war der Schlüssel zum Erfolg, das elektrisierte die Fans. KISS bot die perfekte Show des Rock Rebels, sie wirkten wie Gesandte der Hölle. Aber das war zum größten Teil genau das: Show. Hinter den Kulissen mussten die Geschäfte funktionieren, so wie überall anders auch. Auf- und Abbau jede Nacht glichen einer größeren militärischen Operation. Millionen von Dollars flossen durch das KISS-Imperium, und die mussten alle kontrolliert werden. Natürlich gab es eine Menge Verrücktheit damals – das wird es im Rock'n'Roll immer geben. Aber Gene und Paul wollten alles ganz genau und straight haben.

Frage: Inmitten des ganzen Wahnsinns – wie haben Sie es geschafft, normal zu bleiben?

Lendt: Ich kannte meinen Platz und wusste, wie ich in das System hineinpasse. KISS wollte jemand, dem sie vertrauen konnten und der verantwortungsvoll mit dem Unternehmen umgeht. Ich habe nie angenommen, dass ich da als Kumpel zum Trinken nach der Show, als Babysitter oder Roadie arbeite. Gene nannte mich »The Moneyman« oder »Die Brieftasche«. Ich habe mich im Rock'n'Roll-Lifestyle wohlgefühlt, das war wild, übergeschnappt und eine Menge Spaß, aber ich habe nie versucht, ein Teil davon zu werden. Viele Leute überleben nicht in dem Geschäft, weil sie Drogen nehmen, trinken oder jede Nacht über die Stränge schlagen.

Frage: Eine Band zu managen heißt auch, eine Atmosphäre für die Künstler zu schaffen, in der sie kreativ sein können. Wie haben Sie das gemacht?

Lendt: Das ist eigentlich eher die Aufgabe der persönlichen Manager. Deren Job ist es, ein Umfeld zu kreieren, das es den Künstlern ermöglicht alles zu tun, was ihre kreativen Instinkte motiviert. Als Business-Manager geht es darum, sich um alle finanziellen und abwicklungstechnischen Angelegenheiten der Künstler zu kümmern, damit die sich auf die Auftritte, die Plattenaufnahmen und das Songschreiben konzentrieren. Das ist eben das einzige, was nur die Künstler können. Sonst kann fast alles andere eben auch von anderen geleistet werden. Ich habe versucht, alles so zu organisieren, dass KISS möglichst viel Zeit hatte, kreativ zu sein.

Frage: Wollten Sie jemals selbst auf der Bühne stehen?

Lendt: Meine Idole hießen Keith Richards, Jimi Hendrix und Eric Clapton. Aber trotz einer Fender Stratocaster und vielen, vielen Gitarrenstunden, habe ich es nicht mal in die Nähe ihrer Fußstapfen gebracht.

Frage: Ihr persönlicher Tipp für den Nachwuchs?

Lendt: Erstmal muss man Künstler finden, mit denen man nicht nur arbeiten, sondern auch leben kann. Die Beziehung ist ziemlich eng und persönlich. Man muss die Musik und den Künstler verstehen, persönlich wie professionell. Außerdem ist es wahrscheinlich eine kurze Karriere, also sollte man das Beste draus machen, solange man im Rampenlicht steht. Rock Manager sind oft eng mit einem Musiker verbunden und es ist ein 24 Stunden-Job, das zu pflegen. Manchmal wird es schwierig, noch für andere Künstler oder Kunden aus dem Musikbereich zu arbeiten. Niemand kann sich mehrere Konzerte pro Abend anschauen. Also muss man sich darauf konzentrieren, woher das Geld kommt. Auf der anderen Seite muss man sich auch um die Zukunft kümmern und neue Chancen wahrnehmen und entwickeln. Das alles gleichzeitig zu machen, ist natürlich schwierig, aber der beste Weg, seine Überlebenschancen in diesem Geschäft zu erhöhen.

Info-Box

Ex-Beatle Sir Paul McCartney hat eine Schule für angehende Profis im Musikbusiness gegründet. Dort werden auch Sommerkurse angeboten.

Liverpool Institute of Performing Arts
Mount Street
GB-Liverpool L1 9HF
Tel.: 00 44 (1 51) 3 30 30 00
Fax: 00 44 (1 51) 3 30 31 31
www.lipa.ac.uk

Kontakt Deutschland:

LIPA-Office
Laufertorgraben 4
90489 Nürnberg
Tel.: (09 11) 9 33 26 41
Fax: (09 11) 9 33 26 43

Veranstaltungstechniker

Was wäre ein Konzert ohne Lightshow, eine Disco ohne Strom, eine Gala ohne Ton? Nichts – oder jedenfalls nicht viel – und deshalb braucht es Leute wie Gert Pasemann. Er und seine Crew aus Leipzig statten Events mit Kabeln aus. Allein zwanzig Techniker sind im Einsatz, wenn Pasemanns Firma Cultur&WerbeCompany die Bühne für den Musikpreis f6 music award präpariert und mit 200 000 Watt Licht und vier Kilometern Leitung zum leuchtenden und lautstarken Ereignis macht.

Der Musikwettbewerb gastiert in verschiedenen ostdeutschen Städten, darunter Leipzig, Dresden und Halle. Für jeden Abend überwacht Pasemann ein Team aus Technikern für Licht, Ton, Bühne und AV (Audio-Visuelle Technik, beispielsweise Videos). Jeder Techniker bekommt Helfer zu Seite, die Kisten schleppen und Kabel verlegen. Zwischen den Auftritten der Bands wird innerhalb von fünf Minuten die Bühne nach Anweisungen von Pasemann komplett umgebaut. »Ohne große Konzentriertheit – auch zu später Stunde – funktioniert das nicht«, so der Firmenchef. Um Struktur ins Gewusel zu bringen, sei es sinnvoll, dass der Produktionsleiter selbst keine Kisten schleppt, sondern den Aufbau koordiniert, Entscheidungen trifft und Kontakt zum Kunden (Veranstalter beziehungsweise Eventagentur) hält.

Pasemann ist ursprünglich Starkstrommonteur. Nach Feierabend jobbte er als Roadie und DJ. »Da habe ich jeden einzelnen Handgriff von der Pike auf gelernt, das hilft enorm«, erzählt er. Denn die Handgriffe müssen sitzen, wenn auf der Bühne wenig Platz ist, sodass eine falsche Bewegung fatale Folgen haben kann. Mittlerweile bietet Pasemanns Firma als Fullservice-Unternehmen vom Licht über Catering und Hostessen bis hin zum Sound alles Notwendige für eine Veranstaltung. Oft stammt sogar die Idee für das Event von ihm. »Man muss für effektvolle Veranstaltungen viel Fantasie besitzen und dabei trotzdem realistisch bleiben.« Gibt's nicht gibt es in der Veranstaltungsbranche nicht. »Verrückte Ideen kommen, wenn man mit offenen Augen durch die Welt läuft und viel liest«, so Pasemann.

»Alles aus einer Hand« – so lautet Pasemanns Unternehmer-Motto. Und damit war er quasi Vorbild für das 1998 geschaffene Berufsbild des Veranstaltungstechnikers, eine Mischung aus Bühnentechniker, Beleuchter, Tontechniker und Montagehandwerker. Mit diesem Können sollen die Fachkräfte dann Veranstaltungen technisch betreuen und den Spezialisten zuarbeiten. Darüber hinaus erlernen Veranstaltungstechniker kaufmännisches Grundwissen. »Eine solche Ausbildung oder Fortbildung ist ein gutes Hilfsmittel für den Einstieg. Richtig gelernt aber wird beim Arbeiten«, so Pasemanns Erfahrung. Und lernen kann man überall, wo es eine Bühne gibt: beim Theater, Fernsehen, Veranstaltern, auf Kongressen, bei Tagungen oder Produktpräsentationen.

Auch Eventtechniker Kai Grumpe aus Frankfurt/M. ist Autodidakt. Nach eigenen Angaben zeigte sich früh der Tüftler in ihm, seit seiner Kindheit geht er mit Schraubenzieher ins Bett. Während der Schulzeit baute Grumpe Lautsprecher zusammen und begann, sie für Partys zu verleihen. Daraus hat er nach seinem Maschinenbaustudium einen Job gemacht: »Im Studium lernt man, Probleme zu erkennen und systematisch zu lösen. Die praktische Umsetzung dagegen lernt man beim Machen.« Das Einsatzgebiet seiner Firma sound for friends sind heute Veranstaltungen aller Art, darunter viele Empfänge und Galas in Hotels.

Grumpe berät Veranstalter oder Eventagenturen bei der Umsetzung von Ideen. »In großen Agenturen sitzen Techniker, die wissen, was gebraucht wird. Bei anderen muss ich erstmal rausfinden, was die überhaupt wollen.« Viele ordern Mikrofone, bedenken aber nicht, dass dazu eine komplette Tonanlage inklusive Sender, Empfängereinheit, Mischpult und Lautsprecher gehört. »Wenn eine Agentur eine Band, drei Redner, einen Pianospieler im Foyer und eine Zaubershow mit Playbackeinspielungen im Programm hat, dann gehen wir zusammen alles durch und erstellen den Plan für ein Beschallungssystem«, erklärt Grumpe. Dazu inspiziert er vorab die Location, um sich selbst ein Bild davon zu verschaffen, was möglich ist und wie die Technik sinnvoll eingesetzt werden kann. Gerade in Hotels sind die Räume oft direkt hintereinander belegt, sodass die eine Crew abbaut, während die nächste parallel aufbaut.

Grumpe kann jedoch auch auf dem platten Land aktiv werden: Für ein Incentive in Südafrika, zu dem Siemens besonders erfolgreiche Handyverkäufer eingeladen hatte, baute er ein Zelt »im braunen Schlamm, ein paar Kilometer vom Hotel entfernt.« Dazu: zwei große Generatoren, ein Künstlerzelt, Catering und Dixie-Toiletten. »Bei solchen Veranstaltungen ist die Logistik das Schwierigste. Man kann ja nicht zwischendurch zurückfliegen, weil man was vergessen hat.« Alles ging gut, und die Handyverkäufer genossen eine Musical-Aufführung und feierten danach mit einer Band bis zum Morgengrauen.

Ein besonderer Einsatz für die sound for friends Systeme war die Frankfurter Nachttanzdemo, ein jährlicher Umzug durchs nächtliche Frankfurt. Die Wagen werden von Kneipiers, DJs und

Partyveranstaltern gestellt, Hunderte von Tanzwütigen ziehen mit. »Das ist natürlich ein riesiges Szene-Event, bei dem sich alle Leute treffen, die mit so was zu tun haben«, erzählt Grumpe. Er sorgte dafür, dass die 20 Sattelschlepper mit passenden Stromgeneratoren und Anlagen bestückt waren und dass das Ordnungsamt zum Schluss alles absegnete. Der Spaß dauerte von 21 Uhr bis zwei Uhr morgens. Danach ging es zu Afterpartys in die Clubs. Grumpe unterrichtet auch an der Berufsschule im Bereich Eventtechnik.

Info-Box

Das Berufsbild Fachkraft für Veranstaltungstechnik wird auf den Internetseiten des Bundesministeriums für Bildung und Forschung vorgestellt. Zu finden unter: www.neue-ausbildungsberufe.de

Grumpes Tipps für angehende Eventtechniker finden sich unter: www.fes-event.de

Ein Online-Magazin für Veranstaltungstechniker gibt es unter: www.production-engineer.de

Eine Ausbildung zum Event-Elektroniker gibt es bei:

Siemens
Nonnendammallee 104
13629 Berlin
Tel.: (0 30) 38 62 59 74
Fax: (0 30) 38 62 24 11
www.siemens-ausbildung.de und bei www.komed.de

Ob Orientierungshilfe für Neu- und Quereinsteiger oder in Ergänzung zur Ausbildung und Studium – Praktika in seinen Lehrredaktionen bietet:

Aus- und Fortbildungsgesellschaft für elektronische Medien
Rosenheimer Str. 145 c
81671 München
Tel.: (0 89) 4 27 40 80
Fax: (0 89) 42 74 08 99
www.afk.de

Weitere Informationen gibt es beim Fachverband für technische und künstlerische Berufe im Bereich Theater, Film, Fernsehen und Show sowie Industrie und Handel, die diese Produktionen beliefert.

Deutsche Theatertechnische Gesellschaft
Gruber Straße 76
855586 Poing
Tel.: (0 81 21) 7 65 31
Fax: (0 81 21) 7 65 81
www.dthg.de

Berufsinteressen vertritt:

Verband professioneller Licht- und Tontechniker
Walsroder Straße 159
30853 Langenhagen
Tel.: (05 11) 2 70 74 74
Fax: (05 11) 27 07 47 77
www.vplt.de (mit Jobbörse und einem Markt für Equipment)

Roadie

Nicht jeder Roadie ist langhaarig, trägt eine Armeehose und ist auffällig tätowiert. Ralf Hänsch aus Essen beispielsweise ist ein ganz normaler Freelancer im Veranstaltungsgewerbe, selbstständiger Produktionsassistent, Subunternehmer oder Roadie. »Das ist ein Job, bei dem man am Anfang nächtelang Kisten und Kabel schleppt und dann immer mehr Technik zusammenstöpselt«, erklärt er seine Aufgaben. Heute kümmert er sich um die Elektrik bei Sport- und Werbeevents, Filmaufführungen und Konzerten. »Und wenn das Licht ausgeht, fängt unser Job erst richtig an. Wir müssen die Leute von der Bühne fernhalten, das Mischpult schützen und Konzertbesucher, die in Ohnmacht fallen, ganz schnell aus der Menge rausziehen. Für so einen Job musst Du auch mitten in der Nacht noch hellwach sein.«

Ein Roadie muss tags wie nachts körperliche Höchstleistungen vollbringen: Boxen, Verstärker, Mischpulte samt Computern, Keyboards und Schlagzeuge in Einzelteilen werden auf die Bühne und in die Hallen transportiert und montiert. Am Aufbautag wird ab Mittag der Soundcheck vorbereitet. Es folgen Proben und die sicherheitstechnische Abnahme der Bühne. »Der Roadie ist eigentlich Mädchen für alles, wir müssen unendlich viele Kleinigkeiten beachten: jedes Kabel muss abgeklebt werden, die Instrumente müssen eingestellt sein, jeder Künstler will ganz besondere Licht- und Toneffekte.« Während andere schon den Schlafanzug anziehen, müssen die Roadies jedes Detail im Auge haben. »Und wenn du Pech hast, kannst du dir abends um zehn noch den Wutausbruch eines manischen Produzenten anhören, wenn die Cateringfirma die Petersilie vergessen hat«, so Hänsch.

Nach dem Konzert wird abgebaut. »Da hat man das Gefühl, der Film läuft jetzt rückwärts. Was man vorher aufgebaut hat, muss wieder in die Kisten. Aber die Spannung ist weg.« Trotzdem muss alles ganz präzise ablaufen, auch wenn der Hallenboden glatt (vom verschütteten Bier) und die Luft schlecht (vom Zigarettenqualm) ist. Doch gerade das schweißt zusammen. »Irgendwann weißt du, dass alles geschafft ist. Ein paar Dreißigtonner sind voll beladen und schon auf dem Weg nach München. Dann endlich kannst Du im Morgengrauen die Handschuhe ausziehen, den Schweiß von der Stirn wischen und mit den anderen ein paar Dosen Bier klarmachen.«

Weil bestimmte Bands mit 30 LKW voll Equipment unterwegs sind, bieten Transport und Aufbau von Bühnen und Anlagen je nach Konzertgröße eine Beschäftigung für sehr viele mehr oder weniger qualifizierte Leute. »Technisches Verständnis brauchst du, aber das entwickelt man am besten on the job«, sagt Hänsch, der selbst Elektriker gelernt hat. Die Arbeitszeiten passten jedoch nicht zu seinem Biorhythmus, und so jobbte er lieber als professionelle Nachteule zehn Jahre am Tresen von Bars und Discos.

Ohne Führerschein (so viele Klassen und so wenig Punkte wie möglich) und Englisch geht in der Branche ziemlich wenig. »Es heißt eben wind up und nicht höhenverstellbares Stativ«, erklärt Hänsch. Boxen nennt man manchmal Cabins und das Boxenpaket an der Decke Cluster. »Die Tonleute schwafeln ständig von Mids und Tops und jammern über zuwenig Saft.« Hochkomplexe technische Anlagen müssen zu nachtschlafender Zeit überwacht werden.

Ein Roadie hat mit ganz unterschiedlichen Leuten zu tun: mit LKW-Fahrern, studentischen Kartenverkäufern, Servicepersonal und wichtigen Machern, die zum Teil – nicht nur im Klischee, sondern auch in der Realität – mit unsinnig teuren Sportwagen nebst schwer behängten Models anreisen. Der Kontakt zu Promis macht den Job interessant. »Aber die kochen auch nur mit Wasser«, meint Hänsch. Bei den vielen Leuten im Team sind Menschenkenntnis und Kommunikationstalent gefragt. »Das hilft, wenn du mit Auftraggebern über den Strom beim Metallica-Konzert verhandelst, 40 Leiharbeiter organisierst und die bunte Truppe aus Stagehands und Locals bis zum bitteren Ende zusammenhalten musst.«

Neben Auf- und Abbau müssen die Roadies wissen, wann und wo es Backstage-Pässe gibt, wer wo T-Shirts und Konzertposter verkauft und wie die gesamte Crew an Essen kommt. Meistens werden die Roadies von Veranstaltern wie Concert Concepts, Procon und Mama Concerts gebucht, daher sollten sie von Marketing und Werbung schon mal gehört haben. Eine akzeptable Rasur und saubere Jeans können vorteilhaft sein, wenn es um geschäftliche Sachen geht. Dafür gibt es Action rund um die Uhr. »Ich bin viel mit den Bands unterwegs, und dann will ich wissen, was man in den Städten sehen und machen kann, wo es brauchbare Hotels, was Gutes zu Essen und ordentliche Kneipen und Clubs gibt.« Wenn nicht abgebaut werden muss, beispielsweise, weil die Band mehrere Abende hintereinander in derselben Location spielt, dann zieht Hänsch auch durchs Nachtleben. »Ohne Musik ist der Abend für mich nicht vollständig. Und schlafen kann ich vor Mitternacht sowieso nicht.«

Info-Box

Die großen Konzert-Veranstalter:

Concert Concept
Kurfürstendamm 63
10707 Berlin
Tel.: (0 30) 81 07 50
Fax: (030) 8 10 75 19
www.deag.de

Procon Multimedia
Wilhelm-Bergner-Str. 5
21509 Glinde
Tel.: (0 40) 6 70 88 60
Fax: (0 40) 6 70 61 59
www.procon-online.de

Mama Concerts & Rau
Konzertagentur
Rosenheimer Str. 145e
81671 München
Tel.: (0 89) 9 92 92 20
Fax: (0 89) 99 29 22 22
www.mamaconcerts.de

Pyrotechniker

So kann nur ein echter Großfeuerwerker reden: »Die Nacht schließt sich wie ein Vorhang um die Stadtsilhouette, ein Schleier, den ich für Augenblicke durch mein Feuerwerk entferne, um den Himmel in neuem Glanz erstrahlen zu lassen«, meint Joe Weidner. Der Mann ist ein ausgesprochener Romantiker – mit einem hoch-explosiven Job: Als Pyrotechniker sorgt der Nachtimpresario für ästhetische Gebilde in freier Natur. Und nicht nur zu Silvester. Seine Einsatzorte sind unter anderem die Bundesgartenschau in Cottbus und Potsdam, das Schützenfest in Hannover, das Barockfeuerwerk in Magdeburg, eine Prominentenhochzeit in St. Tropez, ein von Harley Davidson organisiertes Motorradtreffen. Besonders reizen ihn die Großaufträge für über 100 000 Zuschauer.

Seinen Job als Pyrotechniker zu bezeichnen, leite allerdings in die falsche Richtung, »viel zu technisch«, findet Weidner. Er sieht sich eher als Komponist oder als Fünf-Sterne-Koch unterm Himmelszelt. »Für ein Gericht kann ich auch nicht einfach alle Zutaten zusammenschmeißen und davon ausgehen, dass etwas Leckeres dabei rauskommt. Genau wie beim Feuerwerk.« Das wirke nur dann, wenn die Zutaten genau auf einander abgestimmt sind, in der richtigen Reihenfolge und Dosis verabreicht werden. Wenn schon, dann sei er eher Multimediakünstler und Showproduzent. Seine Kollegen nennen sich Großfeuerwerker, Bühnenfeuerwerker, Filmpyrotechniker oder Feuerwerkshelfer.

Drei Tage und Nächte Vorbereitung für eine halbe Stunde Knallerei sind keine Seltenheit. Die Planung dafür beginnt nach Sonnenuntergang vor dem CD-Spieler: »Ich erschaffe ein Spektakel für die Nacht. Also muss ich in Stimmung kommen. Wenn es dunkel wird, fängt mein Gehirn an zu arbeiten. Dann bin ich nicht abgelenkt und habe die innere Ruhe, mich auf die Aufgaben einzulassen«, erklärt Weidner. So hört er dieselbe Musik immer wieder, bis sich die ersten Bilder und eine Abfolge vor seinem inneren Auge ergeben.

Weidner war schon früh ein überzeugter Nachtschaffender. Bereits als Jugendlicher stand er mit der DDR-Kultband Silly auf der Bühne, arbeitete zusätzlich als Artist, Roadie und Lichttechniker. Den Schlaf kennt er bis heute eher als Begleiterscheinung zum Sonnenaufgang. »Ich arbeite für Leute, die nachts etwas ganz besonderes erleben wollen. Da muss ich mich hineinfühlen. Ein Feuerwerk ist schließlich eine hochemotionale Angelegenheit.« Um sich zum Raketenfachmann weiterzubilden, besuchte er spezielle Kurse – streng nach dem Sprengstoffgesetz. »Aber da werden nur die Sicherheitsvorschriften erklärt und Erste-Hilfe-Maßnahmen geprobt. Das Künstlerische, Kreative musst du dir selbst aneignen.«

Weidner arbeitet mit pyrotechnischen Effekten, multispektralfarbigem Laserlicht, Musik, Tanz, fantasievollen Kostümen, Landschafts- und Architekturelementen. Trotz der künstlerischen Einstellung zu seinem Job weiß er, dass er mit brandgefährlichen Chemikalien hantiert. »Höchste Vorsicht und vollste Konzentration zur Geisterstunde«, lautet seine Devise. Denn Mitternacht ist die klassische Feuerwerkszeit. »Schwierig wird das vor allem im Winter. Wenn dir die Hände fast abfrieren, während du noch kilometerlange Zündkabel und elektrische Zündungshilfen verlegst, damit alles Punkt zwölf aufsteigen kann.« Routine nütze da nicht viel, denn jedes Feuerwerk sei anders, so Weidner. Übrigens müsse man ein Feuerwerk auch hören. »Raketenzünden ist nicht einfach nur Krach. Jedes Feuerwerk hat sein eigenes Geräusch.«

Info-Box

Weidners Unternehmen im Internet: www.art-of-fire.com

Der Bund deutscher Feuerwerker findet sich unter: www.bdfwt.de

Staatlich anerkannte Feuerwerkslehrgänge gibt es unter: www.pyroflash.de

Tonstudiotechniker

Sein Schlüsselerlebnis hatte Andreas Lömel-Römer im zarten Alter von sechs Jahren, als der Berliner Junge an einem besonders heißen Sommertag zum Strandbad Wannsee unterwegs war. Vom Bus aus betrachtete er die Bauarbeiter am Straßenrand und entschied: »Ein Beruf mit geregelter Arbeitszeit, der mich am gerade Richtigen hindert, ist nichts für mich!« Über geregelte Arbeitszeiten kann Lömel-Römer heute wahrlich nicht klagen: In seinem Tonstudio denkt niemand vor mittags ans Arbeiten. Dafür sind die Nächte an den Reglern viel zu lang.

Ganz so locker, wie der bekennende Faulpelz seinen Job darstellt, spielt sich sein Leben allerdings nicht ab. Arbeitstage in der Branche werden zu zehn Stunden gerechnet. In dieser Zeit intensiv hinzuhören, Regler zu bedienen, mit Musikern zu diskutieren und auf den Monitor zu starren ist anstrengend. Um eine vollständige CD zu produzieren, braucht es im Schnitt zwei Wochen solcher Tage und Nächte. »Bei guten Musikern!«, fügt Lömel-Römer hinzu, selbst Gitarrist der Stones-Revival-Band Brown Sugar und gelernter Fernmeldemechaniker. Mit schlechten Bands zu arbeiten und schlechte Musik aufnehmen zu müssen – andere Belastungen fallen dem Tonmann auch bei längerem Nachdenken nicht ein.

Octosound, sein Studio, arbeitet für kleine Independent-Labels.

Die Bands der Jazz-, Rock- und Popszene erhalten von den Produzenten häufig einen festen Etat für die Aufnahmen und können sich selbst ein Tonstudio suchen. Mentalität und Qualität der Musiker, die zu Octosound kommen, sind ganz unterschiedlich. Da gab es die Punkband, deren Sänger mittags aus der Kneipe abgeholt und ins Studio getragen werden musste. Dort schlief er auf dem Sofa erst einmal seinen Rausch aus. Aber: »Ausgerechnet ein Streichquartett aus Orchestermusikern hat uns die meisten Kopfschmerzen bereitet«, erläutert Lömel-Römer die Kniffligkeit der Studioaufnahmen. »Die haben das Timing einfach nicht hingekriegt. Im großen Ensemble fällt es nicht so auf, wenn sie den Einsatz verpatzen. Bei uns schon.« Obwohl er im Allgemeinen versucht, sich mit Kommentaren zurückzuhalten, weiß Lömel-Römer nach über 20 Jahren Musikerleben, wie er Anfängern Tipps geben oder konstruktive Kritik üben kann, wenn die Aufnahmen nicht recht klappen wollen.

Wie groß der Unterschied zwischen live und Studio sein kann, weiß auch Dave Inker vom Münchner Studio DeltaSound: »Ich sehe es immer wieder. Wenn ein Kunde das erste Mal erlebt, was man an einer, sagen wir mal, nicht ganz hundertprozentigen Darbietung alles verbessern kann, kommt er aus dem Staunen nicht heraus.« Allerdings müsse man bei so vielen Möglichkeiten genau wissen, wann Schluss ist. »Sonst klingt es nachher zwar perfekt, aber kalt. Ich lege großen Wert darauf, die Technik sinnvoll und musikalisch einzusetzen.«

Selbst in kleineren Studios liegt die Technik heute auf hohem Niveau: Mischpult, Bandmaschine, Digitalrecorder und Computer mit entsprechender Software, Mikrofone und gute Effektgeräte – allein für die Mindestausstattung eines Tonstudios kommen schnell 30 000 Euro zusammen. Die Trixx Studios in Berlin Kreuzberg beispielsweise, bei denen Big Names wie Die Einstürzenden Neubauten, Ben Becker und Harald Juhnke aufgenommen haben, können den Musikern neben exquisiter Aufnahmetechnik auch einen Bechstein-Flügel zur Verfügung stellen. Kostenpunkt eines solchen Instruments: mindestens 26 842 Euro und 83 Cent.

Anders als Laien sich das vorstellen, werden im Studio die Instrumente und Singstimmen einzeln aufgenommen und individuell in den Track gemischt. Das akustische Gerüst besteht aus einer

Einspielung von Schlagzeug, Bass, Gitarre – der Sänger markiert nur die Stimme zur Orientierung der Kollegen. Anschließend wird alles ausgebessert, zweite, dritte oder vierte Gitarre, Keyboard und der endgültige Gesang kommen hinzu.

So sitzen die Musiker und die Tontechniker bis tief in die Nacht zusammen und entscheiden gemeinsam, die wie viele Wiederholung einer Einspielung den richtigen Groove oder Klang für einen Song hat. »Richtig hören können« gilt denn auch als wichtigstes Talent der Toningenieure. »Und wenn Du dann die ganze Nacht geschrubbt hast und morgens um fünf endlich ein neues Stück im Kasten ist, das entschädigt für alles«, sagt Inker.

Wer sich von Grund auf in die Technik, Musiktheorie und Musizierpraxis einarbeiten will, ist an einer der Schulen oder in entsprechenden Studiengängen am besten aufgehoben. Vor der Entscheidung für einen längeren Ausbildungsgang sollte dann aber ein Praktikum in einem Studio stehen. Dabei ergibt sich unter Umständen auch, ob populäre Musik oder Klassik, Sprachaufnahmen oder Filmton das interessantere Berufsfeld bieten.

Info-Box

Interessenten für Praktikumsplätze finden unter www.studioIndex.de Adressen von rund 150 Tonstudios in der gesamten Bundesrepublik.

Studiengänge mit dem Abschluss Diplom-Tonmeister/Diplom-Toningenieur können an den folgenden Hochschulen absolviert werden:

Hochschule der Künste
Fasanenstr. 1
10623 Berlin
Tel.: (0 30) 31 85 23 42
Fax: (0 30) 3 18 53 33

Hochschule für Musik Detmold
Allee 22
32756 Detmold
Tel.: (0 52 31) 97 56 39
Fax: (0 52 31) 97 59 72
www.hfm-detmold.de

Fachhochschule Düsseldorf
Josef-Gockeln-Str. 9
40474 Düsseldorf
Tel.: (02 11) 4 35 13 00
Fax: (02 11) 4 35 13 03
www.fh-duesseldorf.de

Robert-Schumann-Hochschule
Fischerstr. 110
40476 Düsseldorf
Tel.: (02 11) 4 91 81 00
Fax: (02 11) 4 91 16 18

Technische Universität Graz
Rechbauerstr. 12
A-8010 Graz
Österreich
Tel.: 00 43 (3 16) 8 73 51 05
Fax: 00 43 (3 16) 8 73 51 15
www.tugraz.at

Universität für Musik und
darstellende Kunst Wien
Anton-von-Webern-Platz 1
A-1030 Wien
Österreich
Tel.: 00 43 (1) 5 87 34 78
Fax: 00 43 (1) 5 87 34 78 20
www.mdw.ac.at/elak

Theaterbeleuchter

Dass Kreuzberger Nächte lang sind, weiß heute jedes Kind. Doch schon in den zwanziger Jahren entwickelte Berlin ein europaweit einzigartiges Nachtleben. Die vergnügungssüchtigen Berliner begannen ihre ausschweifenden Nächte gerne mit einem Besuch in einem Varieté oder einer Revue, darunter der Friedrichstadtpalast, ein des Nachts hell erleuchtetes Theater am Bahnhof Friedrichstraße. Dort wurde große Unterhaltung mit Marlene Dietrich, Claire Waldoff und den Comedian Harmonists geboten.

Seit dem Wiederaufbau nach dem Zweiten Weltkrieg knüpft der Friedrichstadtpalast an die Tradition der großen Revuen an und ist mit dieser Strategie inzwischen zu Berlins einzigem und Europas größtem Revuetheater avanciert. Heute reicht es allerdings nicht mehr aus, das Publikum mit mondänen Glitzerkostümen und aufwändig produzierten Tanzeinlagen zu begeistern. Das von vielfältigen Abendveranstaltungen nach wie vor verwöhnte Berliner Publikum und die Touristen der Hauptstadt suchen das Außergewöhnliche: eine Eisfläche, ein Wasserbecken und eine Manege, die mittels ausgeklügelter Hebetechnik in Position gebracht werden können. Ganz besonders stolz ist man im Friedrichstadtpalast auf Europas größte fest installierte Laseranlage.

Wenn es blitzt und funkt und die Choreografie mit Laserstrahlen das Publikum zum Staunen bringt, dann hat Ragnar Storch, der Mann für Spezialeffekte, wieder mal gezaubert. Von seinem cockpitähnlichem Raum hoch über dem Publikumssaal hat er die Bühne im Blick und kann seine Lasershow steuern. Als TÜV-geprüfter Strahlenschutzbeauftragter ist er außerdem für die Sicherheit der Anlage verantwortlich und achtet darauf, dass die Laser nicht aus Versehen die Akteure auf der Bühne treffen.

Storch besuchte in der ehemaligen DDR eine Schule, die zum Elektronikfacharbeiter ausbildete und studierte anschließend Elektrotechnik, mit dem Ziel später in Richtung medizinische Gerätetechnik zu gehen. Als er etwa die Hälfte seines Studiums hinter sich hatte, begann er im Friedrichstadtpalast zu arbeiten, zunächst als Beleuchter. »Allein durch das Licht wird jede Show einzigartig«, schwärmt er. Wenn ein Scheinwerfer ausfällt, muss jeder Beleuchter so gut sein, dass er die Einsätze eines anderen übernehmen kann. Nach einem Jahr »war ich in die Laseranlage reingewachsen«, erinnert er sich. Vor allem seine Hobbys Zeichnen und Musik haben ihm dabei geholfen.

Die Show beginnt um 20 Uhr, dann ist Storch bereits ein paar Stunden an der Arbeit: Feinoptik putzen, Geräte justieren, Wartungsarbeiten durchführen. Er war maßgeblich an der Konzeption der Anlage beteiligt: »70 Prozent habe ich selbst entworfen«, sagt er. Kein Wunder also, dass Storch sie hütet wie seinen Augapfel. Gerade mal seinen Kollegen Oliver Ladewig aus der Lichtabteilung (der sich selbst mit dem typischem Ost-Understatement schlicht als Beleuchter bezeichnet), lässt er im Ernstfall an die rund 350 000 Euro teuren Geräte.

Während der Vorstellung kommt der größte Teil der Lasershow aus dem Computer. Mithilfe von Timecodes wird dabei das Zusammenspiel von Licht, Laser und Musik synchronisiert. Storchs Arbeit besteht dann hauptsächlich in der Überwachung des Ablaufs. Doch was der Computer abspielt, muss vorher mühsam erarbeitet werden: »Die Lasershow ist eine eigene Choreografie, die zur Musik kreiert wird«, sagt er. »An drei Minuten sitzt man da schon mal anderthalb Monate.« Aber gerade diese künstlerische Komponente findet Storch reizvoll. Auch die Zusammenarbeit mit dem jeweiligen Regisseur eines Stückes, die gut ein Jahr vor der Premiere beginnt, sei eine Herausforderung, weil ein gemeinsamer

Konsens aus Visionen und Machbarem gefunden werden muss: »Der Regisseur erklärt, welche Stimmungen er in welchen Szenen erzeugen möchte und erwartet dann Vorschläge von mir.« Natürlich ist Storch immer wieder ambitioniert, etwas Neues zu erfinden und tüftelt oft bis spät in die Nacht, um den Regisseur am nächsten Tag und später auch das Publikum mit besonderen Effekten zu überraschen.

Da die Bühne des Friedrichstadtpalasts tagsüber und abends mit Tanzproben oder Vorstellungen belegt ist, finden die Proben für die Lasereffekte oft erst spät in der Nacht statt. Um flexibel zu sein, hat Storch ein Modell der Bühne entwickelt, an dem er neue Effekte auch tagsüber testen kann. An seinem Job genießt er die Mischung aus Technik, künstlerischem Flair und Theaterluft: »Es gibt nichts Aufregenderes, als erst im Dunkeln zu sitzen, die Spannung im Saal mitzukriegen und dann von oben zu beobachten, was auf der Bühne passiert.« Seinen Job hat Elektriker Storch übrigens am Tag nach der Maueröffnung bekommen.

Die Beleuchterin Desiree Vilt dagegen ist eine echte Quereinsteigerin. Die gelernte Erzieherin aus Hannover arbeitete seit dem 17. Lebensjahr als Hand im Bereich Veranstaltungstechnik. Irgendwann stand sie per Zufall am Mischpult, und alles lief. »Da dachte ich, da mache ich mehr draus als bloß Birnen schrauben und Kisten schleppen.« Heute ist sie mit Schraubenschlüssel und -dreher, Messgeräten, Multitool und Klettergurt für Firmen wie TSF und MAS (Berlin), Showtec (Köln) und Rock-Service (Salzgitter) unterwegs.

Auch Vilts Arbeit verlangt körperlichen Einsatz: Sie muss auf hohen Gerüsten rumkraxeln, um Scheinwerfer und Zubehör zu montieren. Geregelte Arbeitszeiten, so von neun bis 17 Uhr, sagt sie, gibt es nicht mal ausnahmsweise. »Bevor ein Objekt ausgeleuchtet werden kann, muss es stehen. Der Aufbau von Bühnen und Ständen passiert meistens nachmittags, am Theater können wir erst nach den Proben anfangen. Nach Konzerten wird in der Regel gleich wieder abgebaut, früh ins Bett gibts also nicht.« Um zwischen den fünf bis 18 Stunden langen Einsätzen auch Ruhepausen einlegen zu können, ist Organisationstalent vonnöten. »Schließlich muss ich auch um vier Uhr morgens noch fit und gut gelaunt zu sein.«

Nach der technischen Vorbesichtigung gibt es die Einsatzbesprechung mit allen Beteiligten. Vilt entwirft einen Lichtplan: wo der Verfolgerscheinwerfer lang muss, wann welcher Lichtwechsel einsetzt. Der Plan dient als Basis für das Einrichten der Beleuchtung. Vilt stellt das Lichttechnik-Team zusammen und kümmert sich um den Informationsfluss zwischen Beleuchtern, Produktionsleitung, Bühnentechnikern und Verleihfirmen. Denn Material einpacken und transportieren, alles zusammenschrauben, verkabeln, mit Farbfolien bestücken, Motoren an Hängepunkte setzen und einleuchten (alles endgültig exakt in Position und Winkel bringen) ist Teamarbeit. Und immer an den Abbau denken – also Transportwege freihalten, nicht zu viele Kabelbinder verwenden, Werkzeug beisammen und in Ordnung halten.

In großen Hallen werden vor Ort Traversenriggs gebaut, im Theater gibt es zum Befestigen der Scheinwerfer die Bühnenzüge (bewegliche Stangen mit Haltevorrichtungen). Die Lampen von 500 bis 5 000 Watt werden gehängt oder gestellt (Ground Support mit Stativen). Wenn erforderlich, Patches zwischen Dimmer und Pult legen, sodass zwei Scheinwerfer auf einem Kanal laufen können. Sulfitten (horizontal) und Gassenhänger (vertikal) sind schwere schwarze Stoffe, die hauptsächlich an Theaterbühnen eingesetzt werden, um Leuchtquellen abzudecken beziehungsweise richtig zur Geltung zu bringen. Beleuchter sind auch zuständig für die Sicherheit der Anlage: An jeden Scheinwerfer gehört ein Safety (Sicherheitskabel), die Torklappen an den Stufenlinsen und PCs müssen einzeln mit Rahmen gesichert werden. »Sonst fliegt so ein Ding in der Vorstellung auf den Kontrabass, ist einem Kollegen von mir Tatsache passiert«, berichtet Vilt.

Info-Box

Ein Standardwerk der Lichttechnik ist Max Keller, *Faszination Licht*, München 2000.

Jobs und Ausbildungsplätze gibt es unter: www.lichttechniker.de.

Theater- und Veranstaltungstechnik kann man hier studieren:

Technische Fachhochschule Berlin
Luxemburger Str. 10
13353 Berlin
Tel.: (0 30) 4 50 40
Fax: (0 30) 45 04 22 84
www.tfh-berlin.de

Maskenbildner

Der Arbeitstag der Maskenbildner beginnt spät. Gegen 16 Uhr betritt Sonni Lesage das Wuppertaler TIK-Theater, trinkt einen Kaffee und legt ihre Utensilien für den Abend bereit. Dann trudeln allmählich ihre »Kunden« ein – die Schauspieler der weit über die Stadtgrenze hinaus bekannten Laienbühne. Der eigentliche Arbeitsbeginn der Maskenbildnerin ist gegen 18 Uhr, wenn einer nach dem anderen geschminkt, frisiert, in einen Greis verwandelt oder mit Teufelshörnern versehen wird. Nach Vorstellungsbeginn geht es dann Schlag auf Schlag: An kleinen Bühnen gibt es häufige Kostümwechsel, innerhalb von Minuten muss aus dem bezopften Rokokofürsten mittels künstlicher Bartstoppeln, Augenklappe und Latexglatze ein Pirat werden.

»Theater ist härter als Film- oder Fotoarbeit«, findet Lesage. Die gelernte Anwaltsgehilfin – »meine Mutter bestand darauf, dass ich erst mal was Ordentliches lerne« – hat in allen drei Bereichen Erfahrung. Am Theater schätzt sie die Vielfältigkeit der Maske. »Je nach Haus schminke ich ganz unterschiedlich – in einem Zimmertheater eher zurückhaltend, ein Opern-Make-up ist dagegen eine wirkliche Maske, ein Spiel aus Licht und Schatten, das noch weit jenseits des Orchestergrabens wirken muss.«

Die Erfahrung sagt ihr, wie die Farben unter den Bühnenscheinwerfern gestaltet werden, um gut auszusehen. »Theater-Make-up wirkt in normalem Licht fremd bis hässlich«, erklärt Lesage. Den optischen Charakter einer Figur mit dem Regisseur zu erarbeiten, den ersten Eindruck der Maske bei der Lichtprobe zu erleben, das macht für sie den Reiz der Theaterarbeit aus. Langeweile kann allerdings aufkommen, wenn ein Stück sehr oft gespielt wird. Damit die Schauspieler jeden Abend gleich auf der Bühne stehen, muss Lesage akribisch in ihrem Buch festhalten, welche Farben bei welcher Figur wie eingesetzt werden. Wenn sie die Darsteller mit einer Spezialflüssigkeit auf alt schminkt, muss sie immer haargenau wiederholen, wie die Muskulatur verläuft, wie sie Falten gezeichnet hat.

Es sind die vielen kleinen Tricks und Kniffe, die von Maskenbildner zu Maskenbildner weitergegeben werden, die das Knowhow der Branche ausmachen. Mit der umfangreichen Schminkpalette, mit plastischen Materialien wie Gummimilch, Latexmasse und Schäumen, mit Narbenmaterial, Wachspräparaten, Pasten, Tinkturen und Haarspray für staubige Effekte und hautfarbenen Kittsorten verwandeln Lesage und ihre Kollegen junge Schauspieler in Greise, schöne Frauen in entstellte Unfallopfer oder in bezaubernde Teenager. »Der Verjüngungskur sind allerdings Grenzen gesetzt, mehr als zehn, 15 Jahre kann ich mit all meiner Kunst die Uhr nicht zurückdrehen«, verrät Frank May, Maskenbildner in den Babelsberger Filmstudios.

Das Maskenbildnerhandwerk kann man an Maskenbildnerschulen oder Theatern lernen. Doretta Kraatz, Chefmaskenbildnerin an der Berliner Volksbühne, hält das Studium an der Dresdner Hochschule für Bildende Künste für eine gute Ausgangsbasis. Früher war die Friseurlehre Voraussetzung für den Job, heute ist das nicht mehr zwingend, wohl aber sinnvoll. Schließlich müssen Perücken angefertigt und frisiert werden, ebenso Bärte, Toupets und Eigenhaarfrisuren. Wer sich für den Beruf interessiert, dem rät Antje Potthast vom Berliner Friedrichstadtpalast, viel zu malen, zu zeichnen, zu modellieren. Dabei geht es nicht darum, veritable Kunstwerke zu schaffen, sondern festzustellen, ob man »richtig hinsehen« kann und ein Feeling für das Material hat.

Potthast, die für die Tänzer der großen Abendshows arbeitet, muss Kreativität mit Funktionalität verbinden: die Darsteller von Tanzaufführungen müssen sich mit den von der Maske entwickelten Frisuren sicher bewegen können. Lange Locken und pompöse Frisuren dürfen nicht zu schwer sein, sonst wird die Bewegungsfreiheit eingeschränkt. Für die Sänger werden Löcher in den Aufbau geschnitten, das ganze muss leicht genug zum Atmen sein und – trotzdem – gut aussehen. Potthast und ihre Kollegen gehören zu den letzten, die abends das Theater verlassen, sind sie doch auch für die wertvollen Perücken zuständig, die nicht einfach über Nacht irgendwo in der Garderobe herumliegen dürfen.

Info-Box

Die Berufsbezeichnung »Maskenbildnerin« ist ungeschützt, das heißt: Theoretisch darf jeder den Beruf ausüben (Ausnahme: Sachsen). In der Praxis erwarten die Theater, Film- und Fotostudios eine Ausbildung und praktische Erfahrungen. Wer von Foto oder Film her kommt oder Visagist ist, sollte Zusatzkurse für die Theaterarbeit belegen und sich in der Literatur weiterbilden.

Ausbildungen bieten:

Maskenbildnerschule
Rheinland-Pfalz
Neutorstr. 1
55116 Mainz
Tel.: (0 61 31) 22 01 10
Fax: (0 61 31) 23 89 59

die maske
Norbertstr. 18
50670 Köln
Tel.: (02 21) 13 20 38
Fax: (02 21) 13 40 68
www.die-maske.de

Hochschule für Bildende Künste
Dresden
Güntzstr. 34
01307 Dresden
Tel.: (03 51) 4 40 21 40/41
Fax: (03 51) 4 59 00 25
www.hfbk-dresden.de

Mephisto Maskenbildnerschule
Flughafenstr. 21
12053 Berlin
Tel.: (0 30) 6 13 56 20
Fax: (0 30) 6 13 57 20

Heinz Möller, Walter Domnick, Gaby Tinnemeier, *Stilkunde, Frisuren-kunde: Berufsgeschichte*, Hamburg 2001.
Richard Corson, James Glavan, *Stage makeup*, Boston 2001.
Martin Jans, Servaas van Eijk, Zeger Hartgers, *Faces fantasy make up*, Almere 1983.
Serge Lutens, *Serge Lutens* (Fotograf), Paris 1998.
Fotograf, Make-up-Künstler, Designer und Modedesigner Serge Lutens hat für die *Vogue* mit den berühmtesten Fotografen des

20. Jahrhunderts zusammengearbeitet und hat 15 Jahre die »Gesichter« für den Kosmetikkonzern *Shiseido* entwickelt. Das Buch ist teuer (144,90 Euro), steckt aber voller Anregungen für den Profi.

Fachzeitschrift:

Lebendige Maske

Filmvorführer

Früher, als das Filmmaterial noch in Flammen aufgehen konnte, mussten die Filmvorführer die ganze Nacht im Vorführraum bleiben, sahen deshalb die Filme wieder und wieder und wurden so zu regelrechten Experten. Damals war Vorführer ein Lehrberuf, heute ist es oft ein Nebenjob für Studenten, ideal für filmbegeisterte Morgenmuffel. Da Kinos sieben Abende pro Woche geöffnet haben, brauchen die Betreiber Mitarbeiter, die flexibel einsetzbar sind. Nur am Wochenende beginnen die Matineen vor Mittag, die großen Multiplexe starten gegen 15 Uhr. Kiez- oder Programmkinos locken ihre Besucher meist ab 18 Uhr vor die Leinwand.

Den Berliner Hans-Werner Thiele führte sein Weg vom Aushilfsfilmvorführer über die Position des Teamleiters der Vorführer schließlich zum Filmtheaterleiter. Er kennt die Branche aus dem FF, was seinen Plänen mit eigenen Drehbuchprojekten gewiss nicht schadet: Die intime Kenntnis von Publikumsreaktionen und dem Umfeld, in dem ein Film schließlich rezipiert wird, fördert die Markttauglichkeit der Filmideen des studierten Betriebswirts.

Die Faszination des Vorführer-Jobs liegt für Thiele »in der Mischung aus Technik und dem Mythos Kino«. Der Filmvorführer ist meist der Erste, der das Kino betritt, und der Letzte, der es wieder verlässt. Mitunter bleibt er bis tief in die Nacht, wie das Beispiel des berühmtesten Vertreters der Zunft zeigt: Der heutige Erfolgsregisseur Tom Tykwer ergatterte mit 16 Jahren einen Job als Kinovorführer, der für den Filmnarren mit einem speziellen Bonus verbunden war – dem Generalschlüssel für das Kino. So konnte

Tykwer noch nach Vorstellungsschluss nach Herzenslust Filme anschauen.

Es gibt drei Bildformate: Cinemascope, Breitwand und Normal. Jedes Format verlangt ein eigenes Objektiv auf dem Projektor, auch die Leinwand muss entsprechend eingerichtet werden. Die Filmkopien werden nicht vorführbereit transportiert, sondern in so genannten Akten auf kleineren Rollen verpackt. Die klassischen Projektoren konnten gerade eine Filmrolle in dieser Größe abspielen. Anhand einer vorgestanzten Markierung oder einer, die der Vorführer mit Fettstift anbringt, wird nach der ersten Rolle auf einen zweiten Projektor überblendet.

Die meisten großen Kinos arbeiten heute allerdings mit Tellern, auf denen der gesamte Film vorführbereit untergebracht wird. Der Vorführer spielt die Akte auf diese flachen Metallplatten, indem er sie in richtiger Richtung aneinander klebt. Dabei müssen Werbung, Trailer, eventuell noch ein Vorfilm und schließlich die meist sechs Rollen des Hauptfilms in die korrekte Reihenfolge gebracht werden.

Wenn der Film eingefädelt ist und läuft, wird die Bildschärfe überprüft, vielleicht noch der Ton. Dann ist die Arbeit des Vorführers getan – wenn alles gut geht. Mögliche Pannen empfindet Thiele eher als unterhaltsame Abwechslung: »Wenn mal was schief geht und sich das Publikum nicht meldet, kann es mitunter auch richtig schön stressig werden, aber das hält fit.« Man sollte also »keine Angst vor Hektik haben« und ruhige Hände behalten, wenn der Film mal reißt und geklebt werden muss.

Besonders bei den Multiplex-Kinocentern mit bis zu 20 Leinwänden, von denen es Ende 2000 bundesweit schon 128 Theater mit 1 162 Sälen gab, besteht die Gefahr, dass es eine Weile dauert, bis der Vorführer solche Pannen behebt, die allerdings nur noch selten passieren. Immer neue Kinos – insbesondere Multiplexe – eröffnen: Allein im ersten Halbjahr des Jahres 2000 entstanden 236 Kinosäle in Deutschland. Das sind nahezu doppelt so viele wie im Vergleich zu den Vorjahren (1999: 132 und 1998: 131), allerdings mussten 135 Säle schließen.[11]

Die Konsequenz: Die gemütlichen Programmkinos mit nur einer Leinwand, wo der Vorführer außerdem Süßigkeiten verkauft und nach dem Happy End einen Schlummertrunk serviert, gehören der Vergangenheit an. Eine negative Seite hat der Job, wie Thiele augenzwinkernd zugibt: »Weil man meistens allein in der dunklen Kammer sitzt, besteht die Gefahr, etwas eigenbrötlerisch zu werden.« Schließlich bekomme man ja auch vom normalen Tagleben nicht viel mit. Nur in den Festspielkinos erhalten die Vorführer während der Filmfestivals mitunter Besuch, wenn sich ein Regisseur oder Leinwandstar vor dem Rummel in die Abgeschiedenheit ihres dunklen Refugiums flüchtet. Dann ist der Vorführer plötzlich mitten drin in der Welt des Films.

Info-Box

Für die Bewerbung als Filmvorführer ist es optimal, einen Sinn für Technik und handwerkliche Grundkenntnisse mitzubringen, zum Beispiel in der Elektrotechnik oder als Gerätemechaniker. Neben der Betreuung und Organisation der Vorführungen überwacht der Filmvorführer oft auch die Haus- und Sicherheitstechnik des Kinos, reinigt die Projektoren und nimmt Öl- oder Kolbenwechsel vor. Für einen Job in Filmtheatern können Interessenten direkt beim Kino vorsprechen. Ein größerer Kinobetreiber mit Häusern in vielen Städten ist:

Cinemaxx
Semperstr. 26
22303 Hamburg
Tel.: (0 40) 45 06 80
Fax: (0 40) 45 06 82 01
www.cinemaxx.de

Einen Operateurkursus bietet:

Focal
2, Rue du Maupas
CH-1004, Lausanne
Schweiz
Tel.: 00 41 (21) 3 12 68 17
Fax: 00 41 (21) 3 23 59 45
www.focal.ch

Platzanweiser in der Oper

Die Oper gehört zu den feinsten Adressen der Nacht. Hier wird noch große Abendgarderobe getragen, Champagner getrunken und bisweilen sogar die Hand geküsst. Premierenfeiern im Festsaal sind neben dem musikalischen Ereignis gesellschaftlicher Anlass mit prominenten Gästen und Klatschreportern. Nicht umsonst klingt das Wort Opernball nach großer Kulisse, Frackzwang, Geschäften in der Loge und viel, viel Geld. Logisch, dass der große Auftritt nur vor dem Hintergrund des in der Dunkelheit hell erleuchteten Opernhauses gelingen kann. Der Wiener Opernball beispielsweise öffnet um 21 Uhr abends seine Pforten und schließt gegen 5 Uhr morgens.

Aber zurück zur Normalität. Und zu einem Engländer namens Richard Bloom, der von seinem Job an der Deutschen Oper Berlin zunächst enttäuscht war. Statt sich in einer Art Schlaraffenland für Opernfans wiederzufinden, erfuhr er schon beim Vorstellungsgespräch: Es ist den Platzanweisern strikt verboten, während der Aufführung in den Zuschauerraum zu gehen. Außer wenn es Störungen im Publikum gibt oder der Theaterarzt gerufen werden muss.

Der ersten Enttäuschung zum Trotz blieb Bloom über 20 Jahre dabei, er ist inzwischen Teil der großen Familie des Opernhauses. Rund 20 Männer und Frauen kümmern sich an der Deutschen Oper um das Publikum. Allerdings bleibt schon lange keine Zeit mehr, um die Gäste tatsächlich an ihren Sitzplatz zu geleiten. Bloom und seine Kollegen verkaufen Programme, weisen den Weg zur richtigen Saaltür und sorgen während der Vorstellung für die Sicherheit im Foyer und auf den Fluren. »Seit beim *Fliegenden Holländer* mal Demonstranten reinströmten und störten, muss jeder dauernd sein Revier überwachen«, begründet Bloom das Verbot, seinen Posten auch nur für einen kurzen Kantinenbesuch unbeaufsichtigt zu lassen: »Wer zur Toilette muss, holt sich einen Kollegen zur Vertretung.«

An einem durchschnittlichen Abend ist Bloom von 18 oder 19 Uhr bis gegen Mitternacht in der Oper. Er kommt eine Stunde vor Vorstellungsbeginn, schlüpft in seinen Dienstanzug – das weiße

Hemd, die Krawatte, die passenden Schuhe sind Privatsachen – und bereitet seine Verkaufskiste mit den Programmen des Abends und den Übersetzungszetteln vor. Die Reviere sind so aufgeteilt, dass jeder Platzanweiser rund 180 Zuschauer zu betreuen hat. Bei ausverkauften Vorstellungen kann es stressig werden: 100 Programme sind zu verkaufen, das Wechselgeld ist herauszusuchen und auch noch freundlich auf die Fragen des Publikums zu antworten.

Opernkenntnisse machen sich für einen Platzanweiser gut. »Die Leute sind ja abends nicht mehr im Job. Sie wollen an die Hand genommen werden. Die brauchen das Gefühl, dass ich für sie da bin«, so Bloom. Wenn beispielsweise ein Herr die Lesebrille vergessen hat und den Sänger der Titelrolle des *Troubadour* erfahren möchte, wäre es Bloom peinlich, den Helden nicht zu kennen: Der ist nämlich als Manrico im Programm aufgeführt. »Aber das gehört nicht zur Jobbeschreibung, leider. Viel wichtiger sind ein gepflegtes Äußeres, gute Manieren und Diplomatie im Umgang mit schwierigen Gästen.«

Von den Platzanweisern gefürchtet sind zu spät kommende Zuschauer. »Ich hab mehrmals den Hausinspektor rufen müssen, weil mich jemand so übel beschimpft hat, dass ich mit meinem Latein am Ende war«, umschreibt Bloom vorsichtig die unangenehmen Situationen, in die er geraten ist. Insbesondere Leute, die mehr ans Kino als an Theater oder Oper gewöhnt sind, wollen nicht verstehen, dass es nur feste Einlasszeiten für die Aufführungen gibt und sie nicht zwischendurch schnell hineinschlüpfen dürfen. Beim *Don Giovanni* etwa liegt der Späteinlass nach zehn Minuten, nach der Ouvertüre, dann beim Szenenwechsel nach 20, 30, 70 und 90 Minuten, nach 100 Minuten beginnt dann die Pause.

Um dem Ärger mit unpünktlichen Zuschauern die Spitze zu nehmen, schaffte die Deutsche Oper ein Videoübertragungssystem an. Davon profitieren auch die Platzanweiser, die nun die Aufführungen mit Stars wie Placido Domingo oder Luciano Pavarotti an Bildschirmen verfolgen können. Je berühmter die Künstler, desto später der Abend: Die vielen Vorhänge, die solche Stars erhalten, verlängern Blooms Arbeitszeit schnell um eine ganze Stunde. Denn wenn der Applaus verklungen ist und der letzte Gast den Saal verlassen hat, gehen die Platzanweiser durch die Reihen, liefern etwaige Fundstücke beim Hausinspektor ab, löschen die Lichter und kontrollieren die Flure.

Für den Abend erhalten die im Haus fest angestellten Platzanweiser eine Pauschale, ganz gleichgültig, ob ein kurzer Ballettabend auf dem Programm steht oder die *Meistersinger* von Richard Wagner (gut acht Stunden) aufgeführt wird. Zudem hat es sich im Haus eingebürgert, dass sie 15 Prozent der Einnahmen aus den jeweils verkauften Programmheften bekommen. Auch mit einem Trinkgeld wird gerechnet. Bloom hält seinen Job für die »ideale Nischenexistenz. Du hast viel Zeit für dich selbst, hast die Atmosphäre der Oper, die Aufführungen – und musst nicht jeden Morgen um sieben blass und unausgeschlafen in der U-Bahn sitzen.« Außerdem hat er nach dem Job noch ausreichend Zeit, in die Kneipe zu gehen und das Nachtleben zu genießen. Glücklicherweise schließen die Bars und Kneipen in Berlin deutlich später als in seiner englischen Heimat.

Info-Box

Die Berufsinteressen vertritt:

Genossenschaft Deutscher Bühnen-Angehöriger
Feldbrunnenstr. 74
20102 Hamburg
Tel.: (0 40) 44 51 85
Fax: (0 40) 45 93 52

Krimiautor

Raymond Chandler, Dashiell Hammet, Agatha Christie, Dorothy Sayers: Manche müssen Namen wie diese nur hören, und schon läuft ihnen ein Schauer eiskalt den Rücken hinunter. Es sind die Großen einer Branche, die in uns Bilder aufsteigen lassen von verrauchten Spelunken, schlecht beleuchteten Straßenecken, lässig im

Mundwinkel klebenden Zigarettenstummeln und Schuhspitzen hinter bodenlangen Vorhängen.

Doch was für Menschen, fragt sich der Laie, stecken bloß hinter den Geschichten von Zeter und Mordio, von Raub, Totschlag, Bestechung, von Liebe, Hass und Eifersucht? Wo finden sich die Leute, die da aus den Untiefen der menschlichen Seele und Gesellschaft aus den Vollen schöpfen? Bewegen sie sich in entsprechenden Kreisen? Haben sie eine kriminelle Ader? Fürchten sie gar das Sonnenlicht?

Wir haben mit einer von ihnen gesprochen.

Interview

Thea Dorn hat die Kriminalromane *Berliner Aufklärung*, *Ringkampf* und *Die Hirnkönigin* veröffentlicht und wurde mit dem Marlowe der deutschen Raymond Chandler-Gesellschaft und dem Deutschen Krimipreis ausgezeichnet.

Frage: Die Nacht gehört den Verbrechen, der Tag deren Aufklärung. Wann arbeiten Sie?

Dorn: Ich bin die klassische Vampirschreiberin, meine produktivste Arbeitszeit ist from Dusk till Dawn. Wenn alles schläft und nur noch Thea wacht, kann ich mich am besten konzentrieren.

Frage: Woher kommen die Ideen für Ihre Geschichten?

Dorn: Die Idee zu *Hirnkönigin* kam mir, als ich überall in den Texten von Kriminalpsychologen las: Es gibt keine Serienlustmörderinnen. Da hab ich Lust bekommen, eine zu erfinden. Manchmal ist irgendwas Absurdes im Fernsehen, das einen inspiriert, oder eine einsame Frau an der Bar. Das Wichtigste ist, dass einen die Idee wirklich packt und man die Geschichte nicht nur erzählen will, weil man glaubt, das ist gerade ein hippes Thema, das verkauft sich vielleicht gut. Ob's einen tatsächlich erwischt hat, merkt man unter anderem daran, dass man vor Aufregung nachts nicht mehr schlafen kann.

Frage: Wie kommt die Idee zwischen die Buchdeckel?

Dorn: In der ersten Phase versuche ich herausfinden, ob ich der

Idee wirklich vertraue, ob sie mich so fasziniert, dass ich ihr das nächste Jahr meines Lebens schenken will. Meistens finde ich das heraus, indem ich anfange, die Geschichte zu erzählen. Ich beginne, mir Gedanken über den gesamten Verlauf der Handlung zu machen, gerade beim Krimi ist das besonders wichtig. Einfach drauflos schreiben geht in diesem Genre nur selten gut. Und dann heißt es: Arbeiten, arbeiten, arbeiten. Ich brauche in der Regel ein knappes Jahr, bis ich einen Roman zu Ende geschrieben habe. Irgendwann taucht dann die Lektorin auf, die einem alles wieder über den Haufen schmeißt. Dann geht es in die nächste Arbeitsphase. Zwischen Idee und Buchdeckel liegen mindestens zwei Jahre.

Frage: Was muss eine Krimiautorin können?

Dorn: Zunächst einmal braucht sie eine bestimmt Art morbider Fantasie, sie muss Lust an düsteren Geschichten haben. Und sie muss neugierig auf die Milieus und die Figuren sein, die sie erfindet oder beschreibt. Gerade beim Krimi geht ohne gründliche Recherche nichts. Wenn man einen Roman über die Russenmafia schreiben will, reicht es nicht aus, sich im Fernsehen einen Tatort über die Russenmafia anzugucken. Und wenn eine Szene in einem Casino spielen soll, dann wird man wohl ein paar Abende in der Spielbank verbringen. Ansonsten braucht sie eine ordentliche Portion Sitzfleisch. Einen Krimi zu schreiben ist kein Spaziergang. Die Autorin muss ihr Handwerk beherrschen. Sie muss wissen, wie sie die Handlung so erzählt, dass der Spannungsbogen beständig wächst, sie muss das Spiel zwischen Dinge verraten und Dinge verschweigen sehr genau beherrschen. Beim Krimi merkt der Leser handwerkliche Fehler sofort. Und er verzeiht sie nicht.

Frage: Das ständige Nachtleben kann ja auf Dauer teuer sein. Was muss man tun, um vom Krimischreiben leben zu können?

Dorn: Also, wenn ich nachts am Schreibtisch sitze, ist mein Leben eigentlich ziemlich billig. Mehr als drei Kannen grünen Tee und hin und wieder einen Whiskey brauch ich dann nicht. Die Nächte, in denen ich nicht schreibe, die sind teuer... Um vom (Krimi)Schreiben leben zu können, muss man viel arbeiten und ein bisschen Glück haben. Aber das Glück ist ja bekanntlich mit den Tüchtigen.

Frage: Was ist für Sie der perfekte Mord?

Dorn: Ein Mord, bei dem niemand auf den Gedanken kommt, dass es ein Mord war.

Frage: Was ist für Sie die perfekte Nacht?

Dorn: Eine Nacht, in der ich so gut gearbeitet habe, dass ich den ersten Vogel, den ich höre, nicht vom Ast schießen will.

Praxis-Box

Krimi ist nicht gleich Krimi. Und für unterschiedliche Genre gibt es unterschiedliche Regeln:

- Der Autor eines Whodunnit muss vor allem eine saubere Plotkonstruktion austüfteln und sorgfältig die Spuren verwischen. Der Leser ist dazu aufgefordert, seine Intelligenz einzusetzen.
- Psychothriller spielen mit der Paranoia des Lesers. Hier geht es darum, wie der Mörder tickt und ob er sein nächstes Opfer kriegt oder nicht. Wer stirbt und wer der Mörder war, ist hingegen weitgehend klar.
- Die Cosy Novel, der englische Landhauskrimi, wirft einen Blick auf gesellschaftliches Verhalten und Benimm. Klassenfragen werden ausdiskutiert.
- In der Hard Boiled Novel – der klassischen Privatdetektivgeschichte – dagegen geht es um die Abenteuer der Maskulinität. Dabei dient der Krimi lediglich als Vorwand, um Souveränität, Stärke, Sex und Witz des Helden darzustellen.
- Das Gleiche gibt es auch umgekehrt: Im Frauenkrimi werden über das Muster einer starken Polizistin oder Detektivin Fragen der Emanzipation verhandelt.

Info-Box

Die Bertelsmann-Stiftung bietet Seminare für Krimiautoren an:

Bertelsmann-Stiftung
Carl-Bertelsmann-Str. 256
33311 Gütersloh
Tel.: (0 52 41) 81 70
Fax: (0 52 41) 8 18 19 99
www.bertelsmann-stiftung.de

Anja Kemmerzell, Else Laudan, *Das Wort zum Mord. Wie schreibe ich einen Krimi*, Hamburg 1999.
Patricia Highsmith, *Suspense oder Wie man einen Thriller schreibt*, Zürich 1990

Weitere Jobs im Bereich Kunst, Musik, Showbusiness

Inspizient

Der Inspizient ist der Fluglotse der Aufführung und sorgt für Ordnung auf der Theaterbühne. Aus seinem Kabuff rechts oder links hinter dem inneren Bühnenrand verfolgt er das Regiebuch, in dem er markiert hat, wann ein Podest hochgefahren werden muss und wann ein Schauspieler seinen Auftritt hat. Das Theater ist in Garderoben, Kantine und Toiletten mit Lautsprechern bestückt, sodass der Inspizient seine Schauspieler überall informieren kann. Seine letzte Amtshandlung besteht darin, am Ende des Abends den Vorhang fallen zu lassen.

Requisiteur

An Theatern, aber auch bei Film, Fernsehen und Events arbeiten Requisiteure, die Gegenstände aller Art beschaffen, gestalten, warten und verwalten müssen. Dazu gehört ein breites Wissen über

Kultur-, Kunst- und Sozialgeschichte inklusive Waffenkunde.
Eine Ausbildung zum Requisiteur bietet:

Hanseatische Akademie für Marketing + Medien
Coventstr. 14
22089 Hamburg
Tel.: (0 40) 25 30 13 10
Fax: (0 40) 25 30 13 98
www.hhamm.de

Choreografie

Im klassischen Ballett und im modernen Tanztheater, im Jazzdance
oder Musical arbeiten Choreografen. Sie sind zuständig für Dra-
maturgie, Timing und Raumnutzung: Wie ist das Stück aufgebaut?
Wie verläuft der Spannungsbogen? Wie lang sind die Szenen? Wie
wechselt die Dynamik? Welches Verhältnis haben die Tänzer zum
Raum? Wer selbst Bühnenerfahrung hat, ahnt viele Dinge intuitiv.
Kenntnisse in Musiktheorie und Musikgeschichte helfen, Eindrü-
cke mit Musik in Verbindung zu bringen und zu assoziieren. Choreografen sind meistens Tänzer oder Ehemalige. Doch auch ganz
andere Berufe sind vertreten, beispielsweise aus dem Design-
bereich.
Choreografie kann man studieren an:

Ernst-Busch-Schule
Schnellerstr. 104
12439 Berlin
Tel: (0 30) 6 39 97 50
Fax: (0 30) 63 99 75 75

Salondame

Eine Tradition aus der Zeit vor dem Zweiten Weltkrieg erlebt in
großen Städten eine Renaissance: der Salon, eine gesellschaftliche
Veranstaltung. Besonders beliebt sind die Literatursalons. Zu später Stunde (sonntags auch gegen Nachmittag) treffen sich Nach-
wuchsautoren, Verlagsmenschen und Literaturbegeisterte, die mit

den Autoren über ihre neuesten Werke diskutieren möchten. Ob ein Salon funktioniert oder nicht, hängt auch davon ab, ob die Person des Gastgebers, meistens der Gastgeberin, interessant genug ist, um die Nachtschwärmer anzuziehen. Eine der bekanntesten Salondamen ist die Berlinerin Britta Gansebohm. Bei ihr haben viele später hofierte Autoren gelesen: Felicitas Hoppe, Alexa von Henning Lange, John von Düffel, Julia Franck, Tim Staffel und Judith Hermann.

Literarische Salons im Internet:

www.txt.de/gansebohm
www.edge.org

6.

Der lange Weg nach Hause

Wenn das letzte Bier getrunken ist und der DJ seinen endgültigen Rausschmeißer aufgelegt hat, beginnt für die Nachteulen der lange Weg nach Hause. Doch auch der führt oft nicht auf der kürzesten Strecke ins Bett: noch eine Pizza an der Ecke, ein Päckchen Zigaretten an der Tankstelle, möglicherweise doch noch eine Dose Bier am Spätkauf. Vielleicht lässt ja der Nachtbus auf sich warten. Damit trotzdem jede Nachteule irgendwann gut versorgt zu Hause ankommt, arbeiten eine Vielzahl kleiner Helfer. Allen voran die Taxifahrer: sie sorgen dafür, dass niemand trotz später Stunde den Heimweg nicht mehr findet.

Auch für Notfälle ist gesorgt: Bei leeren Autobatterien (Licht angelassen!) helfen die Gelben Engel des ADAC. Wer endlich vor der eigenen Tür angekommen ist und feststellt, dass er den Schlüssel vergessen hat, kann nachts den Schlüsseldienst rufen. In größeren Wohnanlagen hält der Concierge für Notfälle einen Zweitschlüssel parat.

Taxifahrer

Nächtliche Taxifahrten sind etwas ganz Besonderes. Kultregisseur Jim Jarmusch erzählt in seinem Episodenfilm *Night on Earth* von den kurzen Momenten der Nähe zwischen völlig fremden Menschen. Auch Martin Scorseses Film *Taxidriver* schildert die einzigartigen Begegnungen und lässt Starschauspieler Robert de Niro als einsamen Großstadtcowboy durch das nächtliche New York kutschieren.

Doch auch der Job eines ganz normalen Taxifahrers hat seine eigene Atmosphäre. »Nachts sieht die Stadt ganz anders aus. In einigen Gegenden hast Du das Gefühl, dass die Straßen jetzt erst richtig leben«, erzählt Björn Herrmann, Taxifahrer in Hamburg. Er transportiert Nachtschwärmer und Nachtarbeiter, Touristen und das ausgehwütige Hamburger Publikum vom Kino auf den Kiez, von Club zu Club, von der Oper ins Hotel. Wegen der weiten Entfernungen sind in den großen Städten die Taxifahrer Voraussetzung für ein funktionierendes Nachtleben.

Fahrer sind gefragt: Die Taxiunternehmen suchen dringend Leute, die eine der über 75 000 bundesdeutschen Droschken lenken wollen.[12] Um den Nachwuchs kümmern sich die Firmen selbst, die durchschnittlich zweimonatige Ausbildung bleibt für Interessierte oft kostenlos. Fühlt der Kursteilnehmer sich danach fit, meldet er sich je nach Stadt beim Ordnungsamt beziehungsweise Landeseinwohnermeldeamt zur Prüfung an. Dort werden vor allem Orts- und Straßenkenntnisse abgefragt. So müssen etwa der kürzeste Weg von A nach B beschrieben und wichtige Gebäude und Institute lokalisiert werden. »Für die Büffelei bin ich glatt ein paar Wochen nicht ausgegangen«, erinnert sich Herrmann.

Wie bei vielen seiner Kollegen war der Job zunächst als Übergangslösung gedacht. Der ehemalige Student der Luftfahrtelektronik und Flugsicherung fand es anfangs allerdings nicht leicht, genug Fahrgäste zu bekommen, erzählt er: »An den Taxihalten muss man mitunter lange Wartezeiten in Kauf nehmen.« Schließt man sich zusätzlich einer Funkgesellschaft an, so muss man einen entsprechenden Schein machen und ein Funkgerät besitzen. Die Aufträge werden dann entweder nach Reihenfolge vergeben oder ausgerufen, »aber als Greenhorn ist es schwierig, weil es Tricks gibt, mit denen die Profis Aufträge an Land ziehen«, so Herrmann.

Zu Beginn vertrödelte er daher gut siebzig Prozent seiner Arbeitszeit während des Tages mit Warten und Leerfahrten von und zum Kunden. Bei der Hektik auf verstopften Straßen wurde der Job auch psychisch anstrengend. »Neben der nervlichen Belastung fühlt man sich einfach ineffektiv.« Er entschied sich deshalb bald für die Nachtschicht und hat das bisher nicht bereut: »Nachts zu fahren hat für mich jetzt auch etwas mit Freiheit zu tun.«

Freiheit – und Abenteuer. Denn gerade in der Dunkelheit lebt man als Taxifahrer nicht ganz ungefährlich: »Überfallen zu werden gehört zum Berufsrisiko«, meint Herrmann. Knapp 300 Verletzte und drei Tote gab es bei bundesdeutschen Taxiüberfällen im Jahre 1999.[13] »Bei den nächtlichen Touren muss man mit allem rechnen. Manchmal ist man eine Art Notfalltaxi für Gestrandete und muss betrunkene oder aggressive Gäste transportieren. Das ist unangenehm und riskanter als tagsüber die Geschäftsleute zu fahren«, schildert er seine Erfahrungen. Trotzdem käme man gut klar, wenn man lernt »mit den Leuten zu reden. Dann gibts eigentlich nie ein Problem«, so Herrmann.

Wählerisch bei der Auswahl der Kunden dürfen Taxifahrer schon von Gesetz wegen nicht sein: Es besteht Beförderungspflicht, die vorschreibt, dass jeder Fahrgast über noch so kurze Distanzen transportiert werden muss. Obwohl sich nicht alle Fahrer – insbesondere nachts – streng an das Gesetz halten, dürfen sie offiziell nur dann die Fahrt verweigern, wenn jemand stark angetrunken ist oder angenommen werden kann, dass er eine ansteckende Krankheit hat oder randaliert. Eine gehörige Portion psychologisches Geschick im Umgang mit Menschen ist also Voraussetzung: »Wenn ein Skinhead einsteigt, diskutiere ich mit dem nicht unbedingt über Politik«, sagt Herrmann. Dafür habe man nachts eben auch die Chance, Musiker zu treffen, Stars manchmal, oder eben mit einer bunten Mischung aus Nachteulen, skurrilen Gestalten und einfach nur netten Leuten zu tun zu haben.

Nachtarbeit ist für Taxifahrer deutlich lukrativer als Tagschichten. Es sind weniger Kollegen unterwegs – dafür umso mehr Nachtschwärmer, die in Spendierlaune sind und auch weite Fahrten in Kauf nehmen. In einer Nightlife-Metropole wie Hamburg fährt Herrmann auch viele Leute aus der Gastronomie, die nach der Spätschicht keine Lust mehr auf öffentliche Verkehrsmittel haben. Hinzu kommt der geringere Verkehr: kein Stau, keine Hektik. »Nachts fährt es sich einfach entspannter«, weiß Herrmann.

Zur nächtlichen Großstadtromantik der Taxifahrer gehört es, männliche Kunden ins Rotlichtmilieu zu kutschieren. »Brenzlig kann es allerdings werden, wenn man in Streitigkeiten, etwa zwischen Prostituierten und Zuhältern, gerät«, erzählt Herrmann von seinen Fahrten nach St. Pauli. »Ich wusste dann immer ziemlich genau, auf wessen Seite ich stehe.« Einmischen musste er sich zum Glück nie – er ist eben nicht Robert de Niro.

Praxis-Box

Taxifahrer benötigen die Erlaubnis zur Fahrgastbeförderung (nach § 15e der Straßenverkehrs-Zulassungs-Ordnung/StVZO). Beantragt wird dieser so genannte P-Schein beim Amt für öffentliche Ordnung oder dem Landeseinwohnermeldeamt. Voraussetzungen:

- Vollendung des 21. Lebensjahres
- Führerschein und Nachweis, dass man innerhalb der letzten fünf Jahre zwei Jahre lang Fahrzeuge der Klasse 3 geführt hat
- eine erfolgreich abgelegte Ortskundeprüfung
- Nachweis der körperlichen und geistigen Eignung durch eine psychologisch-medizinische Untersuchung (Amtsarzt).

Die Konzession für selbstständige Taxifahrer mit eigenem Fahrzeug erteilt das Straßenverkehrsamt oder das Ordnungsamt. Die Genehmigung gilt nur für die Gemeinde, in der das Unternehmen seinen Betriebssitz hat. Nur dort dürfen die Fahrer Gäste aufnehmen, falls nicht gesonderte Vereinbarungen mit anderen Gemeinden bestehen. Voraussetzungen für die Erteilung der Konzession sind:

- die Sicherheit und Leistungsfähigkeit des Taxiunternehmens: Vermögensaufstellung neueren Datums, die Ordnungsbehörde fordert eine bestimmte Summe an Startkapital, die sich am Wert des Fahrzeugs beziehungsweise des gesamten Unternehmens orientiert und die Überbrückung einer mehrmonatigen Anlaufzeit mit nur geringen Einnahmen gewährleistet
- die Zuverlässigkeit des Antragstellers als Unternehmer:

polizeiliches Führungszeugnis, Unbedenklichkeitsbescheinigungen des Finanzamtes, der Krankenversicherung und der Berufsgenossenschaft für Fahrzeughaltung

- die fachliche Eignung des Antragstellers: Fachkundeprüfung vor der Handelskammer unter anderem zu folgenden Themen: Personenbeförderungsrecht, Straßenverkehrsrecht, Arbeits- und Sozialrecht, Lenk- und Ruhezeiten des Fahrpersonals im Straßenverkehr, Grundzüge des Beförderungsvertragsrechtes, Grundzüge des Steuerrechts, Funkverkehr, Zulassung, Betrieb, Bereitstellung, Instandhaltung, Untersuchung, Ausrüstung und Beschaffenheit der Fahrzeuge, Straßenverkehrssicherheit, Unfallverhütung sowie Grundregeln des Umweltschutzes in Betrieb und Wartung.

Info-Box

Literatur zur Prüfungsvorbereitung:

Taxi-Handbuch – Leitfaden für zukünftige und praktizierende Taxi- und Mietwagenunternehmer, München 2001.
Der Taxi- und Mietwagenunternehmer, Leitfaden für die Sachkundeprüfung, München 2001.

Fachzeitschriften:

Hallo Taxi (hallotaxi@gmx.net)
taxi heute (www.huss-verlag.de)
TAXI (www.heinrich-vogel.de)
TAXI magazin (www.taximagazin.de)

Videokassette des Kultfilms *Taxi Lisboa* bei:

Taxi München
Engelhardstr. 6
81369 München
Tel.: (0 89) 77 30 77
Fax: (0 89) 77 24 62
www.taxi-muenchen.com

Schlafwagenschaffner

Ein Pfiff und der Nachtzug vom Hauptbahnhof Dortmund setzt sich Richtung Mailand in Bewegung. Elf Stunden auf den Schienen – die Arbeitszeit von Schlafwagenschaffner Joachim Hülshoff. Wenn der Zug losfährt, beginnt er seinen Job im Dienst der Mitropa, das Serviceunternehmen der Bahn mit rund 6000 Mitarbeitern. Die Zugbegleiter sind Schnittstelle zwischen Unternehmen und Kunden, sie betreuen die Reisenden vom Empfang am Einsteigebahnhof bis zur Verabschiedung am Ziel.

Zunächst gilt es Fragen zu beantworten: Wie lange dauert...? Wann sind wir in...? Kriege ich einen Anschluss nach...? Auch um das leibliche Wohl der Fahrgäste sorgt sich der Dortmunder und bringt Snacks und Getränke auf Wunsch ans Bett oder weist den Weg zum Speisewagen. Erfahrungen in der Gastronomie sind von Vorteil, ebenso Fremdsprachenkenntnisse. »Wir geben den Gästen die Möglichkeit, während der Reise zu essen und zu schlafen, ohne dafür aussteigen zu müssen«, so Hülshoff. Daher werden als Serviceleistung auch die Reisedokumente, wie Tickets und Pässe eingesammelt und verwaltet, damit die Passagiere an der Grenze und bei Personalwechsel weiterschlafen können.

Natürlich heißt der Schlafwagenschaffner heute nicht mehr so altmodisch, sondern modern Steward im Nachtreiseservice, bei Aufstieg auch Teamchef im Nachtreiseservice. Sind die Gäste eingeschlafen, beginnt die ruhige Phase des Jobs. Hülshoff hat Zeit für sich, kann zwischen Schiebetür, Fenstern und Liegen viel lesen und Unerledigtes in Ruhe abhaken. Der Blick aus dem Fenster in die dunkle Nacht regt seine Fantasie an: Er sieht schemenhafte Umrisse von Bergen, das Glitzern von Flüssen und Seen, die das Mondlicht spiegeln, aber auch hell erleuchtete Städte und verschlafene Bahnhöfe. »Und ich weiß, am nächsten Tag stehe ich vor dem schiefen Turm von Pisa oder vor der Scala in Mailand. Ich verdiene mein Geld mit purem Fernweh«, lacht er.

Hülshoff ist seit 1998 auf den Schienen quer durch Europa unterwegs. Sicherlich sei es nicht Jedermanns Sache, immer und noch dazu nachts auf Achse zu sein. Ihm aber gefallen gerade diese Umstände. »Ich mag es nicht, wenn Gedränge herrscht und die Leute sich auf den Gängen quetschen. Nachts sind weniger Menschen unterwegs, die dafür individueller betreut werden können.« Die Schicht geht dem Ende zu, wenn er der traditionellen Aufgabe des Schlafwagenschaffners nachgeht: dem Wecken.

Obwohl Schaffner zum Berufswunsch vieler Knirpse gehört, verlief Hülshoffs Weg dorthin alles andere als geradlinig. »Erstmal wollte ich einen Beruf haben, der viel mit Menschen zu tun hat.« So entschied er sich für eine Ausbildung zum Sozialarbeiter. »Die perfekte Voraussetzung für so eine fahrbaren Wohnsiedlung«, findet er, »schließlich sind die Züge eine Art Kinderheim auf Reisen.« Um die Bewohner und deren Wohl müsse man sich eben kümmern. Schließlich komme es wie überall auch auf Reisen zu Spannungen. »Es gibt Typen, die volltrunken die Fahrt angehen und wieder andere, für deren Frust ich herhalten muss«, sagt Hülshoff. Die überwiegende Zahl der Gäste allerdings sei ruhig, freundlich und angenehm. »Wenn alle versorgt sind, merkt man überhaupt nicht mehr, dass man Hunderte von Leuten an Bord hat.«

Hülshoff muss bis zum Zielort konzentriert arbeiten. Auch administrative Aufgaben gehören dazu: Reiseberichte müssen geschrieben, Servicebereich und Warenlager überprüft, Abrechnungen gemacht werden. Zwar wiederholen sich die Arbeitsgänge, trotzdem bliebe jede Reise ein unverwechselbares Erlebnis. »Das Team ist ein anderes, die Fahrgäste wechseln und natürlich wird man immer auf unterschiedlichen Zugtypen und Strecken eingesetzt.« Seine längste Tour war eine Fahrt mit dem Autozug an den Plattensee. Zwei Nächte hatte er die Gäste zu betreuen, und das sei dann schon ziemlich anstrengend gewesen. »Wenn ich durch schöne Landschaften beispielsweise nach Meran in Südtirol fahre, dann denke ich trotzdem: ›Das ist eigentlich bezahlter Urlaub!‹« So richtig entspannen kann der Reisende in Uniform aber erst, wenn der Zug im Zielbahnhof hält. Dann verschläft er den Tag in seinem Hotelzimmer oder fährt mit der Straßenbahn zum Ausgleich ziellos durch die Stadt.

Info-Box

Stewards im Nachtreiseservice arbeiten für:

Mitropa
Mannheimer Str. 81-95
60327 Franfurt/M.
Tel.: (069) 25 60 50
Fax: (069) 25 60 56 00
www.mitropa.de

Viele Infos rund ums Zugfahren gibt es bei:

Deutsche Bahn
Stephensonstr. 1
60326 Frankfurt
Tel.: (069) 9 73 30
Fax: (069) 9 73 36 11 55
www.bahn.de

Infos zur Ausbildung unter: www.db-ausbildung.de.

Fachzeitschrift:

mobil, Kundenzeitschrift der Bahn, mit vielen Informationen rund ums
Reisen.

Gelber Engel

Jeder Autofahrer kennt das: Wagen geparkt, Licht angelassen, Batterie leer. Beim Starten dreht der Anlasser nur ganz müde, oder er reagiert überhaupt nicht. Eine blöde Situation, erst recht, wenn man nach einer langen Nacht in der Disko müde ist und eigentlich nur noch nach Hause will.

Zum Glück gibt es Helfer, die man auch mitten in der Nacht noch rufen kann, wenn die eigenen Freunde bereits im Bett liegen oder in der Kneipe sitzen und somit fahruntüchtig sind. Die bekanntesten dieser Helfer sind die Fahrer des ADAC. Gelbe Engel werden sie genannt, wohl weil man sie in oben beschriebener Situation schnell als Geschenk des Himmels empfindet. Von der Ausbildung her sind sie Kfz-Mechaniker oder Elektriker, die mehrjährige Berufserfahrung in verschiedenen Werkstätten hinter sich haben.

In zwei vierwöchigen Kursen werden die ADAC-Helfer technisch getrimmt. »In der Werkstatt kann man in Ruhe alles testen und auswechseln und notfalls den Meister fragen. Der Straßendienst aber muss vor Ort und ohne viele Hilfsmittel die Mobilität wieder herstellen können«, erklärt Frank Buchholz, Leiter der Pannenhilfe Ost im brandenburgischen Genshagen, zuständig für die neuen Bundesländer inklusive Berlin. In der Einsatzzentrale werden rund um die Uhr von etwa 75 Mitarbeitern Anrufe entgegengenommen und die Fahrer disponiert. Der ADAC hat bundesweit knapp 1 700 Gelbe Engel im Einsatz, 270 werden aus Genshagen geleitet. Zusätzlich arbeitet der ADAC mit bundesweit 1 100 Vertragspartnern zusammen. Für die Pannenhilfe Ost sind das 120 Werkstätten, Abschleppdienste und Autohäuser, die ebenfalls mit gelben Fahrzeugen unterwegs sind.

Nachts kann man keine Ersatzteile kaufen. Daher müssen die Gelben Engel eine Menge Improvisationstalent und -geschick mitbringen. »Die Fahrer müssen sich in die Situation reindenken können und sich etwas einfallen lassen«, sagt Buchholz und gibt ein Beispiel: Nach einem Theaterbesuch konnte ein älteres Ehepaar den Motor zwar starten, aber keinen Gang einlegen. Der gerufene ADACler fand den elektrischen Defekt: die Sicherung der Bremsleuchte war kaputt, das Automatikgetriebe daher blockiert – ein Zusammenhang, der nicht unbedingt auf der Hand liegt. Doch den Gang einlegen kann man beim Automatik nur, wenn man auf die Bremse tritt. Außerdem hatte der Gelbe Engel keine passende Sicherung dabei. So schlug er vor, statt der defekten Sicherung für das Bremslicht die Sicherung für die elektronische Außenspiegelverstellung zu nehmen. »Man muss auf Verbindungen zwischen allem möglichen im Auto kommen und dann Improvisationslösungen finden«, so Buchholz.

Bei Großereignissen wie der Berliner Loveparade fährt auch der ADAC nachts mit verstärktem Team. Reifen wechseln, Batterie aufladen, Autos öffnen – das sind die Standardaufgaben. Manche Raver lassen ihre Schlüssel absichtlich im Auto, um sie beim Tanzen nicht zu verlieren. Wenn sie dann zu später Stunde völlig erschöpft aus den Clubs kommen, rufen sie den ADAC, um das Auto zu öffnen. »So was kennen wir, da planen wir von vornherein mehr Leute ein«, sagt Buchholz. Jeder Einsatzwagen ist ausgestattet mit 280 Kilo Ausrüstung: 300 Werkzeuge, Starthilfebatterien, Kompressoren, Kanister mit Ersatzkraftstoff, Sicherheitsmaterial zur Absicherung von Pannen- und Unfallstellen, Erste Hilfe-Ausrüstung, Kleinteile und Kommunikationstechnik.

Gerade bei nächtlichen Einsätzen kommen die Gelben Engel mit vielen schrägen Gestalten zusammen. »Ein Fahrer von uns musste mitten in der Nacht zwei Burschen helfen, deren Anlasser kaputt war. Er hatte entsprechende Kabel dabei, leider nicht in der richtigen Größe. Als er die riesige Musikanlage sah, die die Musikverrückten statt Sitzbank eingebaut hatten, kam ihm eine Idee.« Mit einem Kabel aus der Anlage konnte der Wagen fahrtauglich gemacht werden. »Die haben sogar am nächsten Morgen angerufen, als sie zu Hause angekommen sind«, erzählt Buchholz. Auch dem splitternackten Pärchen, das nachts in der Havel baden war, konnte geholfen werden. Die Schlüssel steckten in der Hose, die sorgfältig im Auto verschlossen lag. Gerufen wurde der ADAC von einem Passanten, den die beiden Nackten nachts auf der Havelchaussee angesprochen hatten. »Gelber Engel zu sein ist eben ganz wie im richtigen Leben«, lacht Buchholz.

Nachts gibt es auch Probleme mit angetrunkenen Kunden. Wenn jemand offensichtlich fahruntüchtig ist, legt der Gelbe Engel ihm nahe, den Wagen stehen zu lassen. »Notfalls sage ich, ich hab mir Mühe gegeben, kann die Zündung aber nicht reparieren, und man muss sich das im Hellen anschauen«, sagt Guido Baron, der nachts meistens in den östlichen Berliner Stadtteilen als Pannenhelfer unterwegs ist. Da Angetrunkene leicht aggressiv werden, sei in solchen Fällen ein freundliches, aber bestimmtes Vorgehen wichtig.

Kniffelige Situationen entstehen auch, wenn Leute versuchen, mithilfe des ADAC nachts Autos zu klauen. »Die rufen an und behaupten, sie hätten sich ausgesperrt. Wenn ich die Papiere sehen will, sagen sie, die sind im Auto«, erzählt Baron. Können die Papiere allerdings nach dem Öffnen nicht präsentiert werden, lässt er die Tür sofort wieder zufallen. »Da muss man erstmal ein bisschen Menschenkenntnis haben, dann ganz schnell Entscheidungen treffen und auch dazu stehen.«

Gelbe Engel werden kontinuierlich viermal jährlich geschult, in technischen Neuheiten, aber auch in Freundlichkeit. Unter wechselnden Mottos wie »Wir helfen gern« oder »Freundlich gehts besser« lernen die Mechaniker Grundsätzliches über Umgangsformen, Umgangston und ein gepflegtes äußeres Erscheinungsbild. Während in der normalen Kfz-Werkstatt ein Blaumann auch mal eine Woche lang hält, wird den ADAC-Fahrern nahe gelegt, auf saubere Hände und Kleidung zu achten. »Auch wenn man sich mal unter einen Wagen gelegt oder im Motorraum rumgeschraubt hat, kann man sich unterwegs irgendwo die Hände waschen«, ist Buchholz überzeugt.

Mit nächtlichen Unfällen allerdings hat der ADAC wenig zu tun. Bei schweren Karambolagen können in der Regel auch die Gelben Engel nicht mehr helfen. Hier werden eher Polizei, Feuerwehr und Abschleppdienste gerufen. »Bloß wenn beispielsweise eine Stoßstange provisorisch befestigt werden muss, damit sie nicht auf dem Boden schleift, dann helfen wir auch vor Ort.« Für Baron und Buchholz ist ein Einsatz dann erfolgreich, wenn der Wagen betriebs- und verkehrssicher weiterfahren kann, wenigstens bis nach Hause. Dann kann der Fahrer sich seine Werkstatt und den Zeitpunkt, wann er den Wagen reparieren lässt, aussuchen oder den Schaden selbst beheben.

Die Gelben Engel sind bei ihrer Arbeit weitgehend auf sich gestellt. Tagsüber gibt es eine technische Hotline. Dafür arbeiten die Fahrer in Eigenregie und sehen ihre Chefs nicht öfter als ein paar Mal pro Jahr. Wird ein Fahrer mehrmals hintereinander geblitzt, wird er nicht zum Vorgesetzten zitiert. Stattdessen erhält er einen freundlichen Brief aus München, er möge seinen Tacho überprüfen lassen. Die Gelben Engel fahren in vielen verschiedenen Schichten, darunter Spät-, Superspät- und Nachtschicht. Letztere dauert von 22 Uhr bis sechs Uhr morgens, mit einer halben Stunde Pause. Bei der Einteilung werden persönliche Wünsche berücksichtigt.

Info-Box

Gelbe Engel werden in fünf Pannenhilferegionen eingesetzt: Mitte, Nord, Süd, West, Ost. Bei den jeweiligen Zentralen kann man sich bewerben. Adressen und Informationen über freie Stellen finden sich im Internet (inklusive Möglichkeit zur Online-Bewerbung).

Die Zentrale:

ADAC
Am Westpark 8
81373 München
Tel.: (0 89) 7 67 60
Fax: (0 89) 76 76 25 00
www.adac.de

Concierge

Concierge ist kein Job für Fernsehverrückte – auch wenn es so aussieht. Immerhin sitzen die Hauswächter während der Arbeitszeit vor mehreren Bildschirmen. Bei Marcus Stephan sind es 18 Bilder, die von den Kameras im Gebäude übertragen werden. Zu sehen sind der Eingang, das Treppenhaus oder die Umgebung der Hochhäuser am Helene-Weigel-Platz in Berlin-Marzahn. Stephan arbeitet im Concierge-Team, einem 24-Stunden-Service, der die Häuser rund um die Uhr bewacht. Gemeinsam mit vier Kollegen betreut er 344 Wohnungen und deren Mieter

Früher war die Hauptaufgabe der Concierges, das Tor zur Burg oder zum Schloss zu bewachen, Gäste zu begrüßen und die Schlüssel zu verwalten. Daher nennt sich der 1929 gegründete internationale Berufsverband mit 3 500 Mitgliedern in 35 Ländern Les Clefs d'Or.[14] In großen Wohnanlagen ist der Concierge heute zunächst einmal für den Betrieb des Eingangsbereichs und für die Sicherheit des Hauses zuständig. Er empfängt Mieter und Besucher, erteilt Auskünfte und erledigt Kontrollgänge. Je nach Abend fallen die verschiedensten Aufgaben an. Neue Mieter fragen, was man unternehmen, wo man essen gehen kann. Andere beschweren sich, dass die Nachbarn zu laut feiern – auch solche Streitigkeiten muss ein Concierge freundlich und gelassen regeln können.

Spontaneität und Entscheidungsfreude nennt Stephan als weitere Voraussetzungen für den Job: Wenn eine ältere Dame mitten in der Nacht einen Arzt braucht oder ein Hund per Taxi in die Tierklinik gebracht werden soll, muss sich Stephan in Sekundenschnelle darum kümmern. Der ehemalige Werkzeugmacher wechselt aber auch notfalls um 4 Uhr morgens noch eine Glühbirne oder repariert einen tropfenden Wasserhahn, wenn ein Mieter deswegen nicht schlafen kann. Er überprüft Klingelanlage und Sicherheitssysteme und befreit – falls nötig – jemanden aus dem Aufzug des 25-stöckigen Hauses. »Das Schöne daran ist, dass ich alles in Eigenregie machen kann. Ich muss mich nicht mit einem Vorgesetzten rumärgern, der mir vorschreibt, wie ich was zu tun habe«, sagt Stephan.

Ein Hochhaus oder ein Gebäudekomplex ist wie eine Kleinstadt, je vertrauter der Umgang untereinander, desto größer das Gefühl von Ordnung und Sicherheit. »Ich will meine Mieter kennen und wissen, mit wem ich es zu tun habe. Dann kommt auch keiner auf die Idee, während meiner Schicht heimlich Müll neben den Tonnen abzuladen oder sein Auto vor dem Eingang zu parken.« Stephan ist immer bemüht, Streitigkeiten intern und persönlich zu klären. Schnell wurde auch die alte Dame gefunden, die man einen Tag lang nicht gesehen hatte. Stephan öffnete die Wohnung mit dem Zweitschlüssel und fand die Frau hilflos auf dem Boden ihrer Wohnung. »Man lebt und leidet mit den Menschen mit«, meint er. Und das mache seine Arbeit so emotional, das sei interessant. Jeden Tag dasselbe zu tun würde ihn abstoßen. Davon könne in so einer Kleinstadt allerdings überhaupt keine Rede sein. »Mittlerweile könnte ich Bücher füllen mit den Storys über meine Mieter.«

Nightmanager Hotel

Hotels führen nachts ein Eigenleben: während die einen Gäste erschöpft von langen Arbeitstagen oder ausgedehnten Kneipenbesuchen zurückkehren, hocken die anderen an der Hotelbar oder am Schreibtisch, um den nächsten Tag vorzubereiten. Zwischendurch benötigen vor allem letztere noch einmal etwas zu essen, ein Faxgerät oder einen Kurierdienst. Andere brauchen schlicht jemanden zum Reden.

Um jedem gerecht zu werden und trotzdem den Überblick zu behalten, sorgen in den über 13 000 Hotels der Bundesrepublik Nightmanager dafür, dass nachts die Lichter nicht ausgehen und die Rezeption geöffnet bleibt.[15] Sie sind als Führungskraft eine Vertretung der Direktion mit spezieller Zuständigkeit für den gesamten Nachtbetrieb. Sie sorgen dafür, dass im nächtlichen Hotelleben mit angetrunkenen Nachteulen oder anstrengende VIPs kein Chaos ausbricht. Schließlich kommen viele aufgekratzt aus dem Nachtleben zurück und lassen es sich nicht nehmen, das Personal mit Wünschen auf Trab zu halten.

Die Nightmanager betreuen auch spät ankommende Gäste. »Nachts hat man allerdings viel mehr Zeit, da wird man schneller warm mit den Leuten«, erzählt Helga Baalmann, Nightmanagerin aus Berlin. Sie fragt nach der Fahrt und was die Gäste unternehmen möchten. Gern gibt sie Tipps und Ratschläge, wo man auch zu später Stunde noch hingehen kann, wie man hinkommt und was es kostet. Bei internationalem Publikum sind Fremdsprachenkenntnisse unerlässlich. Da Touristen mit allen möglichen und unmöglichen Fragen an die Rezeption kommen, sind sehr gute Kenntnisse über Stadt und Land ebenfalls wichtig.

Neben den Hotelfachleuten arbeiten im Nightmanagement auch Quereinsteiger wie Baalmann. Sie hatte zunächst Sprachen auf Lehramt studiert. Das langweilte sie jedoch schnell und sie begann im über hundert Jahre alten Berliner Hotel Nürnberger Eck als Nachtportier zu arbeiten. Hier stimmte das Gefühl von Anfang an: »Es ist schon abenteuerlich, so viele Leute kennen zu lernen«, sagt Baalmann. Das sei deutlich aufregender, als sich jeden Tag mit Schülern, Eltern und Kollegen rumzuärgern. »Auch die Atmosphäre, tief in der Nacht durch eine Welt aus Möbeln, Vorhängen und Tapeten aus der Jahrhundertwende zu gehen, ist ganz anders als in einem Siebziger Jahr-Klotz mit Aula, Lehrerzimmer und Schulklos.«

Im Nürnberger Eck logieren traditionell viele Filmleute, die wochenlang erst spät vom Dreh und aus der Kneipe kommen. Daher ist es wichtig, auch nachts ein offenes Haus (und ein offenes Ohr) zu haben und den Gästen das Gefühl zu geben, dass sie – egal zu welcher Stunde – herzlich willkommen sind. »Bei uns gibt's keinen verschlafenen Portier, der sich schlecht gelaunt die Augen reibt. Unser Haus lebt tags wie nachts und bietet seinen Gästen damit ein ansprechendes Umfeld.« Auf Wunsch besorgt Baalmann auch zu nachtschlafender Zeit noch kaltes Bier, eine Flasche Schampus oder einfach nur einen Schlummertrunk. Wer merkt, dass er auch nach einem langen Arbeitstag am Set umsorgt wird, kommt gerne wieder. »Viele wohnen oft im Hotel und wünschen sich eine familiäre Atmosphäre, in der man sich notfalls auch mal mitten in der Nacht ausheulen kann, falls irgendetwas furchtbar schief gegangen ist.« Und das eben persönlich und nicht per Handy.

Als es noch üblich war, verschiedene Hotels verschiedenen Berufsgruppen zuzuordnen, war das Nürnberger Eck eine Künstlerpension: Der Schauspieler Gerd Fröbe und der Musiker Hanns Eisler waren regelmäßig zu Gast. »Wichtig für unser Publikum gestern wie heute ist Diskretion. Wenn ein Regisseur mitten in der Nacht mit wem auch immer ankommt, muss er das Gefühl haben, dass ich vollkommen neutral damit umgehe und natürlich niemandem auch nur etwas andeute.«

Der Einsatz als Nightmanager kann auch Sprungbrett für höhere Positionen im Hotel sein. Prinzipiell ist die Hotellerie eine

Praktikerbranche, das heißt: Die Karrierewege sind kurz, die Aufstiegsmöglichkeiten gut. Wer als Kofferträger oder Kellner anfängt, kann sich innerhalb weniger Jahre in eine mittlere Managementebene hocharbeiten – entsprechende Trainings und Fortbildungen vorausgesetzt. »Auch die Hoteldirektoren und -direktorinnen haben mit Bettenmachen angefangen. Der Spruch ›Vom Tellerwäscher zum Millionär‹ trifft in der Hotelbranche zu«, sagt Claus-Dieter Jandel von der Hotelkette Steigenberger.[16] Und sein Kollege Holger König, Empfangschef im Berliner Nobelhotel Adlon ergänzt: »Wer fröhlich, freundlich und herzlich ist und auch noch gute Umgangsformen mitbringt, für den lässt sich in einem großen Hotel in jedem Fall etwas finden.«

Info-Box

Zentralstelle für alle Fragen rund ums Hotel (inklusive Jobbörse):

Deutscher Hotel- und Gaststättenverband
10873 Berlin
Tel. (0 30) 7 26 25 20
Fax (0 30) 72 62 52 42
www.dehoga.de

Kurse in allen Bereichen des Hotelgewerbes bieten Hotelfachschulen. Eine Auswahl:

Wirtschaftsfachschule für das Hotel
und Gaststättengewerbe
Am Rombergpark 67-71
44225 Dortmund
Tel.: (02 31) 7 92 20 70
Fax: (02 31) 77 24 47
www.wihoga.de

Hotelfachschule Hamburg
Angerstraße 4
22087 Hamburg
Tel.: (0 40) 4 28 59 34 29
Fax: (0 40) 4 28 59 31 28
www.hotelfachschule-
hamburg.de

Heidelberger Hotelfachschule
Buchwaldweg 6
69126 Heidelberg
Tel.: (0 62 21) 3 50 10
Fax: (0 62 21) 38 53 75
www.hotelfachschule-heidelberg.de

Exkurs: Mehr Job als Beruf – aber nachts!

Es gibt ein paar Tätigkeitsfelder, ohne die das Nachtleben nicht denkbar ist, die aber gemeinhin nicht als Berufe, sondern eher als Aushilfs- oder Übergangstätigkeiten angesehen werden. Beispiel Tankstelle: Hier übernehmen Tankwarte nachts die Aufgaben von Lebensmittelhändlern, Automechanikern und Seelentröstern – weit mehr als ein reiner McJob. Lassen Sie uns deswegen einen kurzen Blick hinter die Kulissen werfen.

Tankwart

Seit Tankwarte nicht mehr zapfen, geben sie statt einer Handbewegung lieber eine Frage als Erkennungsmerkmal an: »Wo geht's denn hier zur Autobahn nach Köln?«.

Der Job des Tankwarts hat inzwischen mehr mit Kommunikation als mit dem Auffüllen leerer Tanks zu tun. Während früher bei Aral, Esso, Shell, DEA und den freien Tankstellen fast ausschließlich Männer arbeiteten, findet sich daher heute auch weibliches Personal. Eine von ihnen ist Nicole Ewald aus Düsseldorf, die Nachtschichten an einer Aral-Tankstelle an der B 7 schiebt.

Als erste Voraussetzung für den Job nennt sie gute Ortskenntnisse. Ewald weiß, wie man sich auch im verwirrenden Autobahnnetz von Nordrhein-Westfalen, speziell Ruhrgebiet, zurecht findet. Im Arbeitsvertrag steht nicht Tankwartin, sondern Kassiererin, denn das macht einen großen Teil ihres Jobs aus.

Ihre Kollegen sind Quereinsteiger aus verschiedensten Berufsrichtungen, obwohl der Beruf des Tankwarts als Ausbildungsberuf existiert. Ewald schätzt besonders an ihrem Job, dass sie Kontakt zu vielen verschiedenen Leuten hat, darunter auch Stammkundschaft. »Ich bin eben ein kontaktfreudiger Mensch, aber nicht ausgerechnet morgens um sieben«, sagt sie.

Als weitere wichtige Eigenschaften nennt Ewald ein selbstsicheres Auftreten, Aufgeschlossenheit, Freundlichkeit und einen zügigen Arbeitsstil. »Da kommen nachts Leute mit ganz unterschiedlichen Bedürfnissen. Die einen wollen bloß eine Auskunft, andere sind allein und wollen plaudern.« Außerdem, so Ewald, seien ein guter Umgang mit Zahlen wichtig und ein wenig technisches Verständnis. Um sich zu qualifizieren, bieten einige Arbeitgeber regelmäßig Kurse und Fortbildungen für ihre Tankwarte an, zum Beispiel das Waschseminar. An den Nachtschichten schätzt Ewald außerdem das selbstständige Arbeiten.

Ob sie sich nachts unsicher fühlt? »Die meisten Tankstellen sind zum Glück videoüberwacht und mit Alarmanlagen gesichert.« Mehr Belastung sei das lange Stehen. Daher gönnt sie sich so oft es geht: Füße hochlegen, Fußbäder und Massagen. Dass der Job relativ schlecht bezahlt wird, stört sie zwar, wichtiger ist ihr jedoch der Kontakt zu Menschen. Die großen Tankstellen legen Wert auf Dienstkleidung, die den Mitarbeitern gestellt wird. Dazu gehören Firmenlogo und Namensschild. Ein gepflegtes Erscheinungsbild ist selbstverständlich. Ölflecken auf dem Blaumann und schmutzige Fingernägel gehören beim modernen Tankwart der Vergangenheit an.

Schlüsseldienst

Jan Paulke ist mit seinem Firmenwagen nachts in Berlin unterwegs. Fünfmal pro Woche hilft er Leuten, die sich ausgesperrt haben oder aus anderen Gründen nicht in ihre Wohnung kommen. In Berliner Altbauten liegen manche Toiletten auf dem Flur – der klassische Fall der zugeschnappten Tür. Der Schlüssel steckt innen.

Das Wichtigste für den Job eines Schlüsseldienstlers ist Ausgeschlafenheit: »Schließlich befinden sich die Kunden in einer misslichen Situation. Die stehen übermüdet im dunklen, kalten Hausflur und wollen dringend in ihre Wohnung.« Schnell müsse er daher sein, um auch mitten in der Nacht konzentriert sein Werkzeug zu packen und loszufahren.

Nachts ist Paulke bemüht, niemanden länger als 30 Minuten warten zu lassen. Seine Kunden danken es ihm durch oft lebenslange Treue. Vor Ort kann er sich meist in Ruhe um die Schlösser kümmern, da die Kunden hohen Respekt vor der Arbeit des Schlüsselmanns haben. Die einzigen Störungen ergeben sich, wenn das Handy klingelt, weil sich jemand anders ausgesperrt hat. Die Vorteile an dem Job: Man sieht schnell ein Ergebnis, das Feedback ist fast immer positiv und folgt auf dem Fuß.

Zu Paulkes Tätigkeit gehört auch ein Geschäft, in dem seine Kollegen tagsüber Service rund um das Thema Sicherheit bieten. Dort werden neue Schlüssel gefertigt, Feinstahlkonstruktionen für Fensterschutzgitter hergestellt, Schließanlagen, Rollländensicherungen, Türspione, Zusatzbeschläge und Tresore montiert. Für Hotels, Büros und Unternehmen werden mechanische Zutrittskontrollen vertrieben, die über einen frei wählbaren Code, oder elektronische, die über eine Plastikkarte funktionieren. »Die Sicherheit der eigenen vier Wände ist ein großes Thema für die Leute. Da werden dauernd neue Sachen entwickelt und wir müssen dann beraten, was sinnvoll und finanzierbar ist«, so Paulke.

Die meisten Schlüsseldienste sind Kleinunternehmen. Dass es auch anders geht, zeigt die Silca Unican Gruppe, Marktführer in der Schlüssel- und Schlüsselfräsmaschinenproduktion. Der ehemalige italienische Familienbetrieb wurde inzwischen zum internationalen High-Tech-Unternehmen ausgebaut. Die deutsche Niederlassung ist im nordrhein-westfälischen Velbert, hier werden Schlüsseldienste und Sicherheitsfachgeschäfte beraten – tagsüber versteht sich, denn nachts sind die meistens Schlüsseldienstler im Einsatz.

Kurierfahrer

Wenn andere mit der Arbeit fertig sind, muss das Tagwerk häufig noch zur Weiterbearbeitung transportiert werden: Druckvorlagen müssen vom Grafiker in die Druckerei, die Korrekturfahnen vom Autor zum Verlag. »Für den Job muss man total flexibel sein«, sagt Dieter Weichsel aus Ratingen bei Düsseldorf. Daher sei Kurierfahren eigentlich ein Job ohne Arbeitszeit. »Nur nachts fährt es sich leichter, der Verkehr ist erträglicher«, so der ehemalige Schreiner.

Mit seinem Kleintransporter fährt Weichsel für eine Kurierdienstfirma, die quasi alles transportiert: vom Brief bis zum Wohnzimmerschrank – außer Menschen. Bis 2,8 Tonnen darf die Ladung wiegen. Voraussetzung für den Job sind naturgemäß der Führerschein und gute Ortskenntnisse. Trotzdem sind Stadtpläne und Straßenkarten ständiger Begleiter der Kurierfahrer. Außerdem wichtig: wirklich gern Auto zu fahren und nicht nachtblind zu sein. »Prinzipiell ist das ein selbstständiger Job, man darf nicht erwarten, dass man an die Hand genommen wird«, so Weichsel. Zu den weiteren Voraussetzungen zählt er Zuverlässigkeit, Pünktlichkeit, Improvisationstalent, Schnelligkeit und einen gesunden Schlaf.

Auch Fahrradkuriere arbeiten nachts. »Da kann man besser atmen und kriegt nicht so viel Dreck in den Hals«, sagt Ali Celebi, der als Messenger in Berlin per Fahrrad unterwegs ist. Er transportiert Spätentwürfe zum Kunden, Medizin für Notfälle, Filme für Druckereien, Belege für den Steuerberater, Fotos für die Polizei. »Für kleine Sachen sind wir mit dem Fahrrad viel flexibler. Wir fahren auch mal über rote Ampeln, gegen die Einbahnstraße und müssen nicht dauernd Parkplätze suchen«, erklärt Celebi, und er fügt hinzu: »Außerdem halten wir nicht mit laufendem Motor vor den Erdgeschossjalousien und wecken die halbe Straße auf.«

Große Kurierdienste wie UPS, DPD und TNT transportieren Güter, die punktgenau an Zielorten überall auf der Welt zur Verfügung stehen müssen. Dazu gehört, nicht nur Fahrten von A nach B, sondern komplette Logistiklösungen anbieten zu können. Für TNT beispielsweise stehen weltweit 17 000 Fahrzeuge und 40 Flugzeuge bereit. Die über 4 200 Mitarbeiter in der Bundesrepublik tragen Dienstkleidung, festes Schuhwerk ist für alle Fahrer Pflicht. Da Reklamationen sich unmittelbar auf die Auftragslage auswirken, wird von den Fahrern Selbstbeherrschung und Disziplin erwartet, gerade wenn es sich um dringende Termine handelt. Übrigens: UPS bietet Service – und damit Arbeitsplätze für Nachteulen – in zwei Duzend überwiegend europäischen Ländern.

Weitere Jobs, die dafür sorgen, dass andere gut nach Hause kommen

Nachtbusfahrer

Nachtbusfahrer gibt es naturgemäß vorwiegend in großen Städten. Die Nachtbusse lösen gegen 0.30 Uhr die U-Bahnen ab. Der Nachtverkehr geht meist bis etwa 4 Uhr, am Wochenende länger.

In Nordrhein-Westfalen unterstützt die Provinzialversicherung einige Verkehrsbetriebe im Einsatz von Nachtbussen, um die Zahl der alkoholbedingten Unfälle zu verringern. Busfahrer arbeiten wechselnd Tag- und Nachtschichten. Wenn keine Bahnen fahren, werden Schienen ausgetauscht und gegebenenfalls von Gleisbauern neu verlegt.

Flugbegleiter

Kurzstreckenflüge starten in der Regel morgens und abends, interkontinentale Flüge dagegen gehen über Nacht oder in die Nacht hinein. Von Frankfurt nach Bangkok zum Beispiel fliegt die Lufthansa über Nacht. Die Flugbegleiter oder Stewards und Stewardessen können sich weitgehend aussuchen, welche Strecken sie fliegen.

Unabhängige Flugbegleiterorganisation
Nordendstr. 24
64546 Walldorf
Tel.: (0 61 05) 9 71 30
Fax: (0 61 05) 97 13 49
www.UFO-online.com

7.

Sonstiges

Der zuständige Beamte steht zum ersten Mal im Arbeitszimmer des Opfers: Kommissar Berger, untersetzt, rotgesichtig, blond mit beginnender Glatze. Als Motiv für den Mord kommt vieles in Frage: Neid, Hass, Liebe, Eifersucht, Macht, Geld. Das Opfer war, was man wohl ein renommiertes und respektables Mitglied der Gesellschaft nennt: Offiziell geachtet und geliebt, erfolgreich und bekannt, hinter die Fassade schaute keiner. Das ist jetzt Aufgabe von Kommissar Berger.

Doch wo anfangen? Der Beamte zwirbelt die Schnurrbartenden und lässt den Blick von der Tür aus durch den Raum schweifen. Das Zimmer ist von peinlicher Ordnung. Geradeaus gewährt eine Glasfront Blick auf die gegenüberliegenden Bürogebäude, rechts davon ist die Wand weiß geblieben, geschmückt von der schwarz gerahmten Luftaufnahme einer Treppe. Italien, vielleicht.

Mitten im Raum steht der Schreibtisch: Auf der gläsernen Platte liegen drei Stifte und ein Lineal in perfekter Parallele zur Schreibunterlage, Computer und Drucker säuberlich unter Plastik verpackt. Darunter ein Schubladenschrank. Berger durchquert in drei Schritten den Raum und lässt sich auf dem ledernen Drehstuhl nieder. Die Rollen haben feste Plätze, sitzen in drei tiefen Kuhlen im Teppichboden.

Berger zumindest braucht ein Weiterkommen. Es eilt, wer immer der Täter ist, die Zeit arbeitet für ihn. Der Beamte überfliegt die Aufschriften der Schubladen: Rechnungen, Kundenkartei, Pressekontakte, Internes. Vier sauber gedruckte Aufschriften. Die fünfte Schublade ohne. Zu deren Griff wandert Bergers Hand, er öffnet sie, blickt hinein und die Züge unter dem blonden Schnurr-bart entspannen sich ein wenig. Was er sieht: Unordnung. Was er denkt: Kategorie Sonstiges – Fundgrube für Extravaganzen und Besonderes.

Sprengmeister

Neben Lokführer, Feuerwehrmann und Astronaut könnte Spreng-meister ein weiterer Traumberuf für echte Jungs sein. Gebäude fal-len unter lautem Getöse in sich zusammen, aus Felsmassiven wird Gesteinsstaub, wo vorher ein Haus stand, klafft jetzt ein metertie-fes Loch im Boden. »Klar sieht das spektakulär aus, aber was mir daran gefällt, ist nicht die Knallerei, sondern die Präzision, mit der vor der Sprengung gearbeitet wird«, sagt Martin Hopfe, der seit 1990 die Thüringer Sprenggesellschaft in Kaulsdorf leitet.

Sprengmeister werden zum Durchbrechen von Gesteinmassiven oder zum Abreißen von Industrieanlagen gerufen, da Sprengen oft sicherer und schneller ist als die Abrissbirne. Auch die Entschär-fung von Bomben, Granaten und Munition kommt vor. Für große Sprengungen muss die Umgebung – vor allem die Verkehrswege – abgesperrt werden, was oft nur zu später Stunde möglich ist. »Man kann nicht mitten am Tag ein Autobahnkreuz dicht ma-chen«, so Hopfe. Bei der Sprengung einer Brücke für die Bahn wurde beispielsweise nach einem engen Nachtplan gearbeitet: »Um 20 Uhr ist der letzte Zug drüber gefahren. Um 21 Uhr haben wir gesprengt – und am nächsten Morgen war bereits eine neue Brücke in das Loch eingesetzt«, berichtet der Thüringer. Auch für die Sprengung und die Beseitigung einer Brücke über die A 9 blieb gerade mal eine Zeitspanne von zehn Stunden. »Samstagabend um 20 Uhr haben wir die Strecke gesperrt. Sonntagfrüh um sechs war die Straße wieder frei.«

Als Sprengmeister muss Hopfe wissen, wie viel Sprengstoff ei-nen Schornstein zu Fall bringt oder eine Schneise in einen Berg reißt. »Das A und O sind die Vorbereitungen. Ich muss das Ge-bäude genau unter die Lupe nehmen: Wie viele Jahre hat es auf dem Buckel, halten es Stahlträger zusammen, und ist das Mauerwerk schon mit Wasser durchsetzt?« Hopfe studiert alte Baupläne, führt Gespräche mit dem Auftraggeber und arbeitet mit einem Statiker zusammen. Erst dann folgt das Bohren der Sprenglöcher, die mit Sprengstoff gefüllt werden. In die oberen Meter kommt Füllstoff, dann wird der Zünder eingesetzt. Nach Angaben des deutschen Sprengerverbands gibt es in der Bundesrepublik schätzungsweise 10 000 Sprengberechtigte.

Wie gesagt: Sprengen ist ein Handwerk, das sehr präzises Arbeiten erfordert. Die Stunden, in denen ein Gebiet nachts abgesperrt werden kann, sind knapp bemessen, Fehler kosten Zeit und Geld. Unachtsamkeiten und Schlampereien aus Müdigkeit können fatale Konsequenzen haben. Nur eine Patrone Sprengstoff zuviel in ein Bohrloch – und Betonbrocken können in der Dunkelheit zu tödlichen Geschossen werden. »Deshalb darf der Beruf niemals zur Routine werden«, warnt Hopfe. Angst hat er trotzdem nicht. »Mein Job ist sicherer als der eines LKW-Fahrers. Ich kenne mein Werkzeug und kann alles vorher berechnen. Selbst einen Abbruchsprengstoff kann man an ein Haus nageln, ohne dass es explodiert.« Nur den Zünder dürfe man nicht mit dem Hammer bearbeiten...

Wegen der hohen Verantwortung ist Hopfe bei der Auswahl seiner Mitarbeiter besonders streng. Mindestens zwei bis drei Jahre lang müssen die Kandidaten bei ihm als Strenghelfer beweisen, dass sie verantwortungsbewusst, zuverlässig und gewissenhaft sind. In dieser Zeit dürfen die Anwärter an Gesteinssprengungen teilnehmen. 50 Sprengungen müssen Auszubildende nachweisen, um anschließend an einer Sprengschule die notwendigen Lizenzen in Recht, Unfallverhütung und Sprengtechnik zu erwerben. Was Hopfe sonst noch erwartet? Logisches Denken, ein Verständnis für Statik und das Funktionieren aller Sinnesorgane.

Nach der Ausbildung führt man den Titel Sprengberechtigter. Voraussetzung ist ein Mindestalter von 21 Jahren, eine gute körperliche Kondition (Hopfe: »Wir schleppen täglich 20 bis 30 Kilo Verpackungsmaterial. Das ist Knochenarbeit.«) und ein einwandfreies polizeiliches Führungszeugnis. Nach bestandenen Prüfungen auf einer Sprengschule kann sich der Anwärter beim Amt an seinem Wohnort einen Befähigungsschein ausstellen lassen. »Doch um selbstständig sprengen zu können, braucht man mindestens vier bis fünf Jahre Berufserfahrung«, sagt Hopfe.

Er selbst hat zu DDR-Zeiten zunächst als Diplom-Geologe im Bitterfelder Braunkohleabbau gearbeitet, später ging er in einen Thüringer Steinbruch und studierte an der Dresdner Sprengschule Sprengtechnik, Pyrotechnik, Kampfmittelbeseitigung, Bautechnik und Gefahrenguttransport. Heute führt Hopfe mit seinem Unternehmen etwa 800 Sprengungen im Jahr durch. 800 hochexplosive Momente, in denen er nicht zerstört, sondern Platz schafft für Neues.

Info-Box

Kurse für die Lizenzen zum Sprengberechtigten bieten:

Dresdner Sprengschule
Heidenschanze 6-8
01189 Dresden
Tel.: (03 51) 4 30 59 30
Fax: (03 51) 4 30 59 59
www.sprengschule-dresden.de

Berufskolleg Technik des Kreises
Siegen-Wittgenstein
Fischbacherbergstraße 2
57072 Siegen
Tel.: (02 71) 23 26 40
Fax: (02 71) 2 32 64 90
www.berufskolleg-technik.de

Hauptverband der gewerblichen
Berufsgenossenschaften
Alte Heerstraße 111
53754 Sankt Augustin
Tel.: (0 22 41) 2 31 01
Fax: (0 22 41) 2 31 13 91
www.hvbg.de

Infos über Mitglieder, Veranstaltungen und Neuigkeiten aus der Sprengbranche bietet:

Deutscher Sprengverband
Feldwasserstraße 28
57250 Netphen
Tel.: (02 71) 7 65 66
Fax: (02 71) 79 08 05
www.sprenginfo.com

Gerd Vogel, *Zünden von Sprengladungen*
(zu beziehen über www.blasting-equipment.de)

Promi-Babysitter

Beim Wort Babysitter denkt man automatisch an das Mädchen von nebenan, das als Schülerin sein mageres Taschengeld aufbessert. Professionelle Babysitter allerdings sind rar. Zumindest solche, die flexibel genug sind, um von jetzt auf gleich die Koffer zu packen und 50 Tage an einem Drehort rund um die Uhr den Nachwuchs der Hauptdarstellerin zu hüten. »Bei meinen Dreharbeiten lag mein neugeborener Sohn in einem Körbchen zwischen all den stolpernden Kameramännern, schreienden Regisseuren und Scheinwerferkabeln«, erinnert sich Schauspielerin Ann Sophie Briest. Eine Betreuerin, die sich an den langen Drehtagen am Set um den Kleinen hätte kümmern können, hatte die Produktionsfirma nicht gefunden.

Aus dieser Situation hat Briest später ein Geschäft gemacht: Die Berlinerin gründete mit Ex-Model Nicole Sladek und Bürokauffrau Nicole Schott ihre eigene Babysitter-Agentur. Kidsboom vermittelt Betreuer an Eltern, die in ihrem Beruf unter erschwerten Bedingungen arbeiten, sprich: an ungewöhnlichen Orten zu ungewöhnlichen Zeiten. Vor allem Branchen wie Film, Medien, Musik, Sport und Mode greifen auf die flexible und bedarfsgerechte Hilfe für Kinder vom Säuglings- bis zum Teenageralter zurück. Da kann es schon mal vorkommen, dass innerhalb eines Tages ein Betreuer gefunden werden muss, der mit zu vierwöchigen Dreharbeiten ins Ausland fliegt. Oder ein griechisch sprechender Babysitter für einen Geschäftsmann aus Griechenland, der eine Woche in Deutschland zu tun hat.

Rund siebzig Babysitter hat Kidsboom in seiner Kartei. Etwa ebenso viele Eltern zählen zu den Klienten. Stammkunde der Agentur ist das Ehepaar Till und Dana Schweiger. Wenn Mutti auf Promotiontour für ihre Kosmetikserie geht und Vati mit Dreharbeiten zu tun hat, ist das Kidsboom-Kindermädchen für Valentin, Lill und Luna da. Auch Stars wie Supermodel Elle MacPherson und ihr Sohn Flynn oder Pop-Sängerin Madonna mit Lourdes und Rocco fragen bei der Agentur nach Hilfe, wenn sie in Deutschland sind. »Bei so prominenten Kunden müssen unsere Babysitter natürlich Verträge unterschreiben, die sie zum Schweigen verpflichten«, benennt Briest eine Voraussetzung für den Job. »Außerdem schätzen die meisten Stars höhere Bildung und gute Fremdsprachenkenntnisse.«

Aber nicht nur um den Nachwuchs von Prominenten kümmern sich die Angestellten von Briest, sondern auch um Kids von viel beschäftigten Managerinnen oder alleinerziehenden berufstätigen Müttern und Vätern. »Der Bedarf an qualifizierten Babysittern ist groß. Denn oftmals wollen und brauchen die Eltern Unterstützung, auch wenn man vorher nicht sagen kann, wie lange die Konferenz dauert oder ob man noch den letzten Flieger zurück nach Hause kriegt«, so Briest. Wenn gewünscht, bleiben die Babysitter auch über Nacht. In diesen Fällen gehört zu ihren vornehmsten Aufgaben das Gute-Nacht-Geschichte erzählen.

Die Auswahl der Babysitter ist hart. Bei Briest laufen die Bewerbungsgespräche wie das Casting zu einem Film. Sie selbst vertraut auf ihren Mutterinstinkt. »Ich muss bei den Kandidaten das Gefühl haben, dass sich mit ihnen jede Gefahrensituation für mein Kind ausschließt.« Ihre Kompetenz müssen Anwärter belegen: mit einem Gesundheitszeugnis, einem Führungszeugnis, allen Schul- und Ausbildungsabschlüssen und sämtlichen Referenzen, die sie beibringen können. Während der Bewerbungsprozedur werden dann Verlässlichkeit, Integrität, Pflichtbewusstsein, Flexibilität und Belastbarkeit geprüft. Vieles fällt den drei Agenturchefinnen schon an Kleinigkeiten auf. »Wem ich wegen der nötigen Papiere hinterher telefonieren muss, der fällt durch. Da weiß ich, der ist nicht zuverlässig.« Grundsätzlich sind die Betreuer von Kidsboom mindestens 21 Jahre alt. Das Deutsche Rote Kreuz, das Tageskurse für Babysitter anbietet und diese auch vermittelt, empfiehlt ein Mindestalter von 14 Jahren. Briest: »Ich würde jedoch nie einem Teenager eine solch große Verantwortung aufbürden, mein Kind zu hüten. Das schafft der noch gar nicht.«

Doch was hilft alle erlernte Kompetenz, wenn das Kind den ganzen Babysitter-Abend lang brüllt? »Ein guter Babysitter merkt, ob das Kind traurig ist, weil es vielleicht die Mutter vermisst. Braucht das Kleine dann Nähe, muss er sich auch mal bis zum Einschlafen ans Bett setzen und Händchen halten«, sagt die

Schauspielerin. Um für alle Eventualitäten des Großwerdens gerüstet zu sein, empfiehlt Briest mit den Eltern eine Spezialitätenliste zu erstellen: »Darin wird festgehalten, welche Ticks das Kind gerade so drauf hat, welche Gewohnheiten es hat, wie es auf bestimmte Situationen reagiert und welche Regeln es zu Hause gibt.« Darf das Kind bei den Eltern abends noch Cola trinken, kann es das auch beim Babysitter. Heißt es »Um acht Licht aus!« sorgt auch der Betreuer um diese Zeit für Nachtruhe.

Praxis-Box

Gefahren richtig einschätzen – das muss ein Babysitter können. Diese Liste rüstet für den Notfall:

Notfall	Mögliche Ursache	Anzeichen	Maßnahmen
Atemnot	Verschlucken oder Einatmen eines Fremdkörpers	Ausbleibender Atemstrom, Hustenattacken, Würgen, Keuchen	Oberkörper tief halten, das Kind z. B. über das Knie legen, mäßig stark zwischen die Schulterblätter schlagen, bis der Fremdkörper entfernt ist
	Insektenstiche im Mund- und Rachenraum	Zunehmende Atemnot mit Blaufärbung auch der Lippen, Rötung und Schwellung, evtl. Schockanzeichen	Das Kind sollte Eis lutschen oder mit kaltem Wasser gurgeln und kalte Halswickel bekommen
	Asthma bronchiale	Erschwerte Ausatmung, Pfeifen und Giemen bei der Ausatmung, Blaufärbung der Lippen	Oberkörper leicht nach vorn beugen, langsame Ausatmung mit gespitzten Lippen, verordnetes Spray oder Zäpfchen
	Krupp-Syndrom und Kehldeckelentzündung	Pfeifende Atemgeräusche, Blässe und Blaufärbung, schneller Puls	Oberkörper hoch lagern. Das Atmen durch Abstützen erleichtern, Frischluft, Atemluft anfeuchten

Notfall	Mögliche Ursache	Anzeichen	Maßnahmen
Vergiftungen und Verätzungen	Trinken von Säuren und Laugen, schaumbildenden Substanzen, Hautkontakt zu ätzenden Substanzen	Bewusstseinstrübung bis zur Bewusstlosigkeit, Übelkeit und Erbrechen, Schmerzen, evtl. Hautveränderungen an den betroffenen Stellen	Wasser ohne Kohlensäure trinken. Bei schaumbildenden Substanzen wie Spülmitteln kein Wasser! Verätzungen mit klarem Wasser abspülen. Substanzreste und spontan Erbrochenes aufbewahren. Auf keinen Fall erbrechen lassen. Giftnotruf und Notarzt!
Elektrounfälle	Offene Steckdosen, defekte Haushaltsgeräte	Strommarken an Ein- und Austrittsstellen, Bewusstseinstrübung, Muskelkrämpfe, Krampfanfälle, Herzrhythmusstörungen bis zum Herzstillstand, Atemstillstand	Eigengefährdung ausschließen, Strom abschalten, das Kind mit nichtleitenden Stoffen (z. B. Gummi) vom Stromkreis trennen, ggf. Atemspende oder Herz-Lungen-Wiederbelebung, sonst stabile Seitenlage
Ertrinkungsunfall	Durch Untertauchen in eine Flüssigkeit kommt es zu Sauerstoffmangel	Je nach Verweildauer im Wasser: Husten, Keuchen, Blaufärbung, Unterkühlung, Bewusstseinstrübung, Bewusstlosigkeit, Atem-/Herzstillstand	Das Kind bergen, Bewusstsein prüfen, nicht versuchen, das Wasser aus der Lunge zu entfernen, abtrocknen und warm halten, bei Bewusstlosigkeit mit Atmung: stabile Seitenlage, ggf. Atemspende oder Herz-Lungen-Wiederbelebung
Blutungen	Verletzungen	tropfende Blutung	Wundschnellverband
	lebensbedrohliche Blutung	lebensbedrohliche Blutung	An Armen oder Beinen: hochhalten, abdrücken, Druckverband, allerletzte Lösung: abbinden. An Kopf oder Rumpf: Kompresse aufdrücken

Quelle: Barmer Ersatzkasse

Info-Box

Unter www.babysitter.de gibt es ausführliche Informationen über Kurse für Babysitter, zum Beispiel beim Deutschen Roten Kreuz. Unter anderem werden in Tageskursen Erste-Hilfe-Maßnahmen, Wickeln und kleine Erziehungstricks gezeigt.

Die Internetseite www.rund-ums-baby.de ist zwar für werdende und junge Mütter konzipiert. Trotzdem lohnt sich ein Klick auch für Babysitter: Babypflege, Spiele mit Kindern, Entwicklungskalender – schaden kann das Wissen nicht. Ansonsten durchsucht man am besten die Anzeigen in Zeitungen oder die Aushänge in Kindergärten nach Jobangeboten.

Übersetzer

Natürlich könnte sich eine Übersetzerin auch gleich nach dem Aufstehen frisch an die Arbeit machen und um 17 Uhr den Griffel fallen lassen. »Aber in der Realität funktioniert das überhaupt nicht«, widerspricht Sabine Saßmann, Literaturübersetzerin aus Siegen. Am Anfang eines Romans arbeite man noch zu ganz zivilen Zeiten. Doch jeden Tag werde es ein bisschen später: Man bleibt an schwierigen Stellen hängen, probiert neue Varianten und Wortspiele, und schon ist es wieder weit nach Mitternacht. »Wenn man sich einmal fest gebissen hat, kommt man nicht mehr davon los. Natürlich gibt es keine perfekte Übersetzung, aber man ist immer auf der Suche danach«, so Saßmann. Sie ist spezialisiert auf dicke Wälzer, Romane, die sie vom Englischen ins Deutsche überträgt. Im Schnitt braucht sie mehrere Monate pro Buch.

Saßmann sieht es als Vorteil an, nicht morgens um acht im Bus sitzen und zur Arbeit fahren zu müssen. Lieber schläft sie nach einer Nachtsitzung am Schreibtisch aus, beginnt den Arbeitstag spät und findet sich erneut um Mitternacht »beim Basteln und Puzzeln«, wie sie ihre Tätigkeit beschreibt. Die Nachtarbeit hat den Vorteil, dass draußen und drinnen alles ruhig ist und weder Telefonanrufe noch der plärrende Fernseher der Nachbarn die Konzentration stören. Einen literarischen Text mit all seinen Anspielungen, semantischen, klanglichen und rhythmischen Besonderheiten adäquat ins Deutsche zu übertragen, erfordert Ruhe, Konzentration und die richtige Atmosphäre.

»So nah am Original wie möglich, so frei wie für den deutschen Sprachfluss nötig«, lautet die goldene Übersetzer-Regel. »Man muss sich in den Text versenken, damit leben, um dem Autor und seiner Intention gerecht zu werden und den einmal gewählten Stil der Übertragung zu halten«, sagt Saßmann. Einfühlungsvermögen, Fantasie, eine sehr gute Allgemeinbildung und jede Menge Fleiß und Akribie bei der Recherche gehören zum Handwerkszeug von Übersetzern. Dazu natürlich die Beherrschung der eigenen Sprache und Stilsicherheit auf allen Ebenen.

Neben den Übersetzern mit abgeschlossenem und nicht abgeschlossenem Sprachstudium finden sich viele Quereinsteiger in dieser Tätigkeit, zum Beispiel Leute, die zweisprachig aufgewachsen sind oder längere Zeit im Ausland gelebt haben. Zu ihnen gehört Paul Morland, Engländer in Berlin, der Broschüren, Werbetexte, Verträge oder Fachvorträge deutscher Firmen und Experten ins Englische überträgt. Die Themen des technischen Übersetzers – so lautet seine Berufsbezeichnung – wechseln ständig: Mal empfindet er für eine Jeansfirma deren Werbung in seiner Muttersprache nach, mal muss er sich für Börsenpublikationen in die Feinheiten von Bilanzen und Kursgewinnen einarbeiten. »Meistens fragen die Kunden am frühen Nachmittag bei mir an, und dann kommt der Text ein paar Stunden später per E-Mail.« Für Morland bedeutet das: Nachtarbeit. »Meistens habe ich nicht mehr als 24 oder 48 Stunden für die Übersetzung.« Nur bei längeren Broschüren bietet sich Tagarbeit an.

Zu Morlands Aufgaben gehört viel Recherche, um sich mit der Fachterminologie des jeweiligen Auftraggebers vertraut zu machen. Glücklicherweise sind die Datenübertragungskosten nachts in der Regel günstiger, die Verbindungen schneller. Denn ein Großteil der für jede Übersetzung notwendigen Recherche lässt sich inzwischen über das Internet erledigen. »Früher hätte ich tagsüber in Bibliotheken nachschlagen müssen, ich weiß gar nicht, wie ich da die Termine hätte halten können«, so Morland. Die immer neuen Themen fasst er als sportliche Herausforderung auf und freut sich, wenn sein englischer Text gelungen ist, ja vielleicht sogar verständlicher als die deutsche Fassung geraten ist.

Als technischer Übersetzer hat auch Andreas Tretner begonnen. Er ist Spezialist für Übersetzungen aus dem Russischen und Bulgarischen. Sein Slawistik-Studium in Leipzig war noch zu DDR-Zeiten auf den Einsatz in Politik und Wirtschaft ausgerichtet – nicht auf Literatur. Und so fand er seinen ersten Job als technischer Dolmetscher und Übersetzer bei Carl Zeiss in Jena. »Das hat nicht geschadet«, resümiert er, »so wurde ich in ganz andere Stilistiken und Wirklichkeitsbereiche eingeführt.« Die Allgemeinbildung eines Übersetzers könne gar nicht breit genug sein. »Aber ich habe immer gerne gelesen, Bücher gemocht und wollte unbedingt Literatur übersetzen.« Und so tastete er sich langsam an den Beruf literarischer Übersetzer heran.

Zuerst schrieb er Gutachten über bulgarische Theaterstücke, kurz vor der Wende wurde er Lektor beim Reclam-Verlag in Leipzig – eine Erfahrung, die ihm heute im täglichen Umgang mit seinen Arbeitgebern, den Verlagen, hilft. Denn Ansprechpartner für den literarischen Übersetzer ist der Lektor. Mit ihm wird der neue Text durchgesprochen, von ihm erhält der Übersetzer Änderungswünsche und neue Aufträge.

Welche Chancen haben Anfänger, in Kontakt mit Lektoren zu kommen? »Englisch gehört zu den gebräuchlichsten Sprachen in Literatur und Wirtschaft, Bedarf und Angebot an Übersetzern sind gleichermaßen hoch«, erklärt Saßmann, die als langjährige Übersetzerin von Hardcovern zu den eher arrivierten Kollegen zählt. Sie empfiehlt Quereinsteigern, es persönlich zu probieren, auf der Buchmesse in Frankfurt oder Leipzig Verlage anzusprechen: »Zuerst muss man ohnehin eine Probeübersetzung abliefern.« Wenn das Ergebnis gefällt, fängt man vermutlich in einer mäßig bezahlten Taschenbuchreihe an, bis der Lektor einschätzen kann, welche Autoren oder Genres dem Übersetzer liegen.

Lernen die Übersetzer »ihre« Autoren auch persönlich kennen? In Zweifelsfällen, sagt Tretner, konsultiere er den Autor, »wenn er nicht tot, unfreundlich oder zu weit weg ist. Schon die Stimme gibt mir ein Gefühl für den Text. Wenn man den Autor reden hört, kann man besser nachvollziehen, wie er tickt.« Manchmal erhalten Übersetzer auch Reisestipendien zum Autor. Dann wird es im Übersetzeralltag – beziehungsweise in der Nacht – leichter, per E-Mail oder telefonisch nachzufragen. Neuerdings ist allerdings dem Kontakt zwischen Übersetzer und (amerikanischen) Autoren häufig eine Agentur vorgeschaltet.

Info-Box

Übersetzen ist im Normalfall ein einsames Geschäft. Der Berufsverband der Übersetzer veranstaltet daher Übersetzerstammtische in mehreren Städten/Regionen zum Austausch mit Kollegen.

Verband deutschsprachiger Übersetzer literarischer
und wissenschaftlicher Werke
Sitzbuchweg 44
69118 Heidelberg
Tel.: (0 62 21) 80 15 16
Fax: (0 62 21) 80 21 24
www.literaturübersetzer.de

Die Berufsinteressen vertritt:

Bundesverband der Dolmetscher und Übersetzer
Rüdigerstr. 79a
53179 Bonn
Tel.: (02 28) 85 81 51
Fax: (02 28) 81 69 96 19
www.bdue.de

Kurse, Studien, Ausbildungen:

Heinrich Heine-Universität
Anglistisches Institut VI
Universitätsstr. 1
40225 Düsseldorf
Tel.: (02 11) 8 11 19 25
Fax: (02 11) 8 11 30 26
www.phil-fak.uni-duesseldorf.de

Europäisches Übersetzer-Kolleg
Kuhstr. 15
47628 Straelen
Tel.: (0 28 34) 10 68
Fax: (0 28 34) 75 44
www.euk-straelen.de

Programmierer

Was für die Übersetzer gilt, trifft auch auf Programmierer zu: Eigentlich könnte man friedlich von 8 bis 16.30 Uhr arbeiten. Aber keiner tut es. Die kniffeligen Probleme, das ständige Ausprobieren lässt sich nun einmal besser abends und mit Open End bewerkstelligen als tagsüber zwischen Telefon und Terminen. Ruhe und Dunkelheit fördern die Konzentration.

Nachts gearbeitet hat Ekkehard Hörner schon während seiner Studien: vier Jahre Chinesisch, Unterricht in Indianersprachen und der in Ghana gesprochenen Twi-Sprache, ein Germanistik- und Philosophiestudium, einen Doktortitel in Sprachwissenschaften. Beim heiteren Beruferaten käme angesichts dieser Qualifikationen niemand auf Ekkehard Hörners heutigen Beruf. Er ist Programmierer, genauer gesagt, Entwickler. Denn er versteht sich als Problemlöser, der Firmen und Behörden hilft, »alles zu regeln, was durch EDV zu regeln ist.«

Dass die Inhalte seiner Programme Unbeteiligten eher dröge und langweilig erscheinen, stört Hörner überhaupt nicht: »Den Computer zu zwingen das zu tun, was ich will, dabei alle Stolpersteine aus dem Weg zu räumen, ist mein eigentliches Vergnügen.« Er sitzt am Rechner, bis er alle »Gemeinheiten vom Tage im Programm ausgebügelt« hat. Sein kleines Kieler Softwareteam Key Software Solutions hat sich auf die Entwicklung individueller kaufmännischer EDV-Programme für kleine und mittlere Unternehmen spezialisiert. Ein Key-Programm erleichtert beispielsweise einem Anlageberater die Überwachung und Betreuung der Kunden-Portfolios, ein anderes setzt ein Verleger in der Finanzbuchhaltung ein, um Publikationen abzurechnen, von deren Preis ein Anteil als Spende an gemeinnützige Organisationen geht.

Außerdem übernimmt Hörner Aufträge für andere Softwarefirmen, die an personelle Grenzen stoßen, beispielsweise wenn ein Texterkennungsprogramm an die Bedürfnisse eines Kunden aus der Stromwirtschaft angepasst werden soll. Dabei war das bereits existierende Programm imstande, handschriftlich ausgefüllte Formulare zu lesen, die gewonnenen Daten zu erfassen und in andere Programme auszugeben. »Einfach wäre es jetzt, die Daten wie

Stromverbrauch in Kilowatt oder Rechnungsbeträge und Zähler-nummern in eine Textdatei schreiben zu lassen. Aber der Kunde will die Informationen direkt in seine Datenbank übernehmen.«

Und da fängt die Problemlösung des Entwicklers an: Welche der vorhandenen Informationen benötigt der Kunde? Welche unter-schiedlichen Arten von Formularen gibt es auf Papier? Wie ist die Datenbank des Kunden strukturiert? Worauf will der Kunde spä-ter wie zugreifen können? Erst wenn diese Fragen zu Hörners Zu-friedenheit beantwortet sind, beginnt das eigentliche Programmie-ren, die Umsetzung der Handlungsanweisungen in einen Code, den der Computer versteht.

Hörner arbeitet am liebsten mit der Programmiersprache C++, weil die Programme schnell und effizient laufen und keine beson-deren Anforderungen an die übrige Softwareausstattung des Kun-den stellen. Kleine Unterprogramme in Visual Basic Script erlau-ben außerdem, auf elegante Weise neue, bei der Planung nicht vorherzusehende Funktionen ins Programm einzubinden, die auch der Kunde schnell anpassen kann.

Hörner sieht eine enge Verbindung zu seiner früheren Tätigkeit als Sprachwissenschaftler mit immerhin fünf Jahren Assistenten-zeit an der Kieler Uni. »Ob ich Computersprachen oder natürliche Sprachen analysiere und wissenschaftlich beschreibe, bleibt sich gleich.« Zum Programmieren kam er eher durch Zufall, »weil die Phonetiker mit uns auf demselben Flur saßen. Die haben schon En-de der siebziger Jahre mit Computern gearbeitet.«

Entscheidend für Hörners berufliche Umorientierung war aller-dings, dass ein Freund – »ein Bastelfreak aus der Lötkolbenfrak-tion« – einen der ersten Computer besaß und diesen bei Hörner »in Pflege gab«. Hörner versuchte, einige sprachwissenschaftliche Probleme mit Computerhilfe zu lösen und fand Gefallen an der ge-danklichen Präzisionsarbeit. Er schrieb kleine Programme für Kol-legen, die beispielsweise Computerdrucker dazu brachten, für Magisterarbeiten die Sonderzeichen der georgischen Sprache aus-zudrucken. »Solche kleinen Aufgaben waren damals in Tagen oder wenigen Wochen zu bewältigen«, erinnert Hörner sich, »heute be-wegen sich Programmierer in einem wesentlich komplexeren Um-feld, das man als einzelner kaum überblicken kann.« Ein solches

Umfeld bieten heute vor allem die Bereiche Multimedia und Internet, von denen die Bundesanstalt für Arbeit schätzt, dass in den nächsten Jahren 200 000 neue Stellen geschaffen und 1,2 Millionen Arbeitsplätze gesichert werden.[17]

Von der grafischen Gestaltung über Programmierung dynamischer Websites, also Einbindung von Datenbanken, bis zur Planung und Administration von Netzen und Einrichtung von Sicherheitsstandards reichen hier die Aufgabenfelder für Spezialisten. Dabei wird der Webauftritt von Firmen und Institutionen als Teil einer Gesamtlösung verstanden. Inhalte und Screendesign bestimmen die Struktur der Navigation auf der Website – Programmierer wie der Berliner Christian Prause setzen diese Struktur dann um. Beim Webprogrammieren kommt es darauf an, möglichst allen Internetnutzern mit ihren unterschiedlichen Rechnern und Programmen einen gleichermaßen komfortablen Zugang zur Site zu erlauben.

Prauses Meisterwerk ist die Website des Virtuellen Museums Preußen. Die komplexe Linksammlung zur preußischen Geschichte wurde innerhalb weniger Monate vom engagierten Team um die Historikerin Bettina Bieber als private Initiative ins Netz gestellt. www.virtuelles-museum-preussen.de hilft Usern bei der Suche nach seriösen Informationsquellen zum Thema und bietet kleineren Forschungsinitiativen, Studenten oder Ausstellungen eine Plattform für ihren Webauftritt. Dieses Beispiel zeigt, dass auch heute ein solches Projekt in eigener Regie erarbeitet und später bei Bewerbungen als Referenz genutzt werden kann.

Prause glaubt, dass Learning by Doing – also hobbymäßiges Programmieren – nach wie vor ein guter Einstieg in die Arbeitswelt der Computerbranche ist. »Manche meinen ja, man braucht dafür einen Hang zur Mathematik. Da kann ich nur sagen, ich fand Mathe immer schrecklich.« Überraschend seine Aufzählung sinnvoller Vorqualifikationen für Programmierer: »Übersetzen, Logik, Philosophie – alles, was mit Strukturen und Problemlösung zu tun hat.« Allerdings hat sich die Branche in den letzten 20 Jahren gewandelt. »Die Firmen stellen jeweils Leute für die im Moment interessanten Aufgaben ein. Im Zeitalter des Internets kann ein Kunst- oder Grafikstudium ein gutes Argument für Quereinsteiger sein.«

Info-Box

Als Kommunikationsplattform und Interessenvertretung für Hacker und solche, die es werden möchten, sowie technisch Interessierte, die sich mit Chancen, Risiken und gesellschaftlichen Auswirkungen der Computertechnik beschäftigen möchten, versteht sich der:

Chaos Computer Club
Lokstedter Weg 72
20251 Hamburg
Tel.: (0 40) 4 01 80 10
Fax: (0 40) 40 18 01 41
www.ccc.de

Kontakte vorzugsweise über das Internet. Für telefonische Kontakte empfiehlt der CCC den Dienstag. Faxe werden mit ein, zwei Tagen Verzögerung beantwortet.

An jeder Volkshochschule kann man sich heute die Grundzüge des Programmierens aneignen – im Internet finden Suchmaschinen zum Schlagwort ›Programmieren lernen‹ über eine Million Webadressen verschiedenster Provenienz. Viele Firmen bieten zudem Praktika und Hospitanzen an. Da das Internet zu den zukunftsträchtigen Arbeitsfeldern gehört, soll an dieser Stelle nur eine Ausbildungsstätte herausgegriffen werden, die den Standards der Webmasters Europe entspricht:

webmasters akademie
Prager Ring 4-12
66482 Zweibrücken
Tel.: (0 63 32) 79 14 98
Fax: (0 63 32) 79 14 99
www.webmasters.de

24-Stunden-Hotline

Stellen Sie sich vor, Sie haben nächstes Wochenende ein Rendezvous und nichts zum Anziehen. Oder Sie sind auf einer Party eingeladen und haben die letzten beiden Male schon dasselbe angehabt. Was tun? Wer ganz schnell neue Klamotten braucht, kann auch mitten in der Nacht bei Versandhäusern wie Otto, Quelle und Neckermann anrufen, aus dem Katalog bestellen und sich am Tag drauf beliefern lassen. Die Telefonzentralen sind rund um die Uhr besetzt – ein Job für Leute, die Lust haben, nächtelang am Telefon zu quatschen.

Sylvia Dreher ist von Haus aus Bäckereifachverkäuferin, doch das frühe Aufstehen war nichts für sie. Und so arbeitet sie heute an der Kundenhotline des Otto-Versands. Für die neue Tätigkeit wurde sie zunächst ausführlich im Bereich Produkte geschult. »Schließlich kann ich dem Kunden nicht sagen ›oh, das weiß ich gerade nicht, rufen Sie doch morgen früh noch mal an, da ist meine Chefin wieder da‹«, sagt sie. Um freundlich zu sein, müsse man genau wissen, worüber man spreche. Dann werde man selbst auch nicht unsicher. »Nach dem Gespräch soll der Kunde sich gut aufgehoben fühlen und zufrieden ins Bett gehen können.«

Auch wenn die Anrufer in der Regel schon Feierabend haben, muss der Kundenberater nachts in der Telefonzentrale hellwach sein: »Man muss nach den ersten Sekunden kapieren, was für einen Menschen man am anderen Ende der Leitung hat«, sagt Dreher. Schließlich sei die Telefonzentrale das Aushängeschild des Unternehmens. Die Kunden bilden sich oft ein Urteil nach dem ersten Eindruck. »Da muss man auch um 4 Uhr morgens noch gut gelaunt sein und auch schwierige Leute zu nehmen wissen«, so Dreher.

Beim Otto-Versand wird hauptsächlich von morgens 6 Uhr bis gegen Mitternacht bestellt, danach arbeitet die Zentrale den Rest der Nacht mit kleiner Besetzung. Die entgegengenommenen Kundenwünsche werden an die Versandzentren in Hamburg, Haldensleben, Burbach, Karlsruhe, Löhne, Ohrdruf und Hanau weitergeleitet und die Waren über den Hermes Versand Service zugestellt. Die Sortimentszentren arbeiten in Tag- und Nachtschichten. Die Wünsche der Mitarbeiter werden bei der Arbeitszeiteinteilung berücksichtigt.

Auch Telefonnetzbetreiber bieten ihren Kunden einen 24-Stunden-Service. Schließlich sind viele Handybesitzer auf nächtliche Erreichbarkeit angewiesen. Kathrin Striebel aus Potsdam betreut bei e-plus die Kunden vorwiegend nachts. »Das kommt meinem Rhythmus entgegen. Ich kann nachmittags alles erledigen und mich dann langsam auf die Arbeit einstellen. Außerdem lasse ich mich nicht gern tagsüber von schlecht gelaunten Handybesitzern anraunzen«, sagt sie.

Voraussetzung für den Job an der Kundenhotline: eine flüssige (deutsche) Sprache, eine angenehme Stimme, gute Ausdrucksformen und keinen übertriebenen Dialekt. Technisches Verständnis ist von Vorteil. »Um die Fragen der Kunden zu beantworten, muss ich wissen, wie das Netz funktioniert, was die Handys können und wo Fehlerquellen liegen«, sagt Striebel. Ansonsten werden die Mitarbeiter zu Beginn in etwa 14-tägigen Kursen geschult, um die Produkte und die Arbeit in der Telefonzentrale kennenzulernen. Schließlich sollen die Mitarbeiter später über jedes Produkt und die technischen Möglichkeiten Auskunft geben können. »Leider fingen diese Kurse um 9 Uhr morgens an, doof eigentlich für einen Nachteulenjob«, findet Striebel.

Ihre Kollegen kommen aus den verschiedensten Berufen, sind ehemalige Büroangestellte, Verkäufer, Studenten und Verwaltungsleute. Auch eine ehemalige Krankenschwester und mehrere Techniker telefonieren durch die Nacht. »Egal, ob man früher in einem kommunikativen oder sozialen Beruf gearbeitet hat oder ob man eher mit Technik zu tun hatte – all das kann man in den Job an der Hotline einbringen«, findet Striebel. Wichtig sei, sich in den Kunden hineindenken zu können und zu verstehen, was er für Wünsche und Probleme hat.

Nach Mitternacht wird es ruhiger bei e-plus und die Zentrale in Potsdam ist nur noch mit etwa fünf Mitarbeitern besetzt. »Obwohl sich jeder allein um seine Kunden kümmert, entsteht in einem Großraumbüro doch ein Teamgefühl, wenn man so mitten in der Nacht zusammenhockt«, sagt Striebel. Die Anrufer sind oft Leute, die Langeweile haben, denen das Handy in der Kneipe oder Disko abhanden gekommen ist oder die eben auch nachts arbeiten. Die Telefonzentrale ist einer der wenigen Orte im Unternehmen, an denen es noch nicht mal tagsüber eine Kleiderordnung gibt.

Vom Kundenberater geht die Karriere über Teamleiter und Supervisor zum Telefonzentralenleiter, neudeutsch: Callcenter-Manager. Hier geht es in harter Tagarbeit um Planung und Organisation der Aufträge, die Qualitätssicherung der Beratung und die Absprache mit den Auftraggebern. Wichtiger Bestandteil des Jobs: Die Auswahl und Schulung von Mitarbeitern, die Nachttauglichkeit und Stressresistenz mitbringen.

Info-Box

Kurse für Callcenter-Agenten gibt es hier:

Callcenter Akademie	Berufs- und Fortbildungszentrum
Bergstr. 8	Clausthal
45770 Marl	Altenauer Str. 14
Tel.: (0 23 65) 94 04 40	38678 Clausthal-Zellerfeld
Fax: (0 23 65) 94 04 29	Tel.: (0 53 23) 93 63 20
www.cca.nrw.de	Fax: (0 53 23) 93 63 19
	www.bfz-clausthal.de

Hans-Michael Klein, *Zufriedene Kunden am Telefon. Erfolgreiche Gesprächsführung in Service und Verkauf*, Nürnberg 1999.

Großmarkthändler

Er fährt um Mitternacht zur Arbeit. Detlef Mührer arbeitet auf dem Großmarkt für Obst und Gemüse, dem Fruchthof, wie er in Berlin heißt. Bei der Firma Weihe, dem größten Händler für Berlin und Brandenburg, hat er als Fahrer begonnen und sich mittlerweile zum Vorarbeiter hochgearbeitet. Eigentlich ist er Polizist. »Die Arbeitszeiten sind also nicht mein Problem, als Polizist ist man ja allerhand gewöhnt«, sagt er. Bloß das Sitzen auf der Wache, die Bürokratie und das ganze Umfeld hätten ihm nicht gepasst. »Für den Job auf dem Großmarkt muss man ein bisschen verrückt sein, dann macht es auch Spaß, wie ein Verrückter zu arbeiten.«

Als Vorarbeiter leitet Mührer ein Team, das die Ware für die Restaurants und Hotels in Berlin, für Supermarktketten und für Feinschmeckertempel zusammenstellt, verpackt, auf LKWs verteilt und ab 6 Uhr morgens ausliefert. Um einen harten Kern von fünf Mitarbeitern schart sich insgesamt eine Belegschaft von über 50 Mann. Allerdings arbeiten nicht alle in der Auslieferung: ab 3 Uhr morgens öffnet der Fruchthof auch für den Einzelhandel seine Türen. Kleinere Händler und Marktbetreiber können sich dann hier selbst versorgen und werden vom Großhändler betreut.

Bis tief in die Nacht hinein haben die Köche der Hauptstadt die Möglichkeit, über Anrufbeantworter und Fax ihre Bestellungen für den nächsten Tag aufzugeben. Schließlich wollen alle frische Ware für ihre Gäste. Viel Zeit bleibt da nicht für eine Pause mit den Kollegen, ein Schwätzchen oder einen gemütlichen Gang. Mit Höchstgeschwindigkeit stellen Kommissionierer die Listen für ihre Kunden zusammen. Jeder ist für etwa 80 Betriebe zuständig, deren Vorlieben, Sonderwünsche und spezielle Gewohnheiten man schnell kennen lernt. Packer arbeiten die Listen der Kommissionierer ab. Feste Touren für die Fahrer und ein fester Kundenstamm erleichtern den reibungslosen Betriebslauf, in dem jeder Mitarbeiter seinen festen Platz hat, seine eigenen Arbeitszeiten und Aufgaben.

Eines allerdings ist allen gemeinsam: Sie arbeiten, wenn ihre Kunden noch schlafen. Sommers wie winters haben die Hallen eine Betriebstemperatur von 5 Grad Celsius, um das Gemüse schön frisch zu halten. »Im Sommer eine Tortur, wenn man ständig raus und rein rennt, im Winter geht es, da hat man ohnehin immer die Jacke an, und die Türen können offen bleiben«, sagt Mührer. Schnupfen gehöre einfach zur Arbeit. Nur im Herbst, wenn das Wetter allmählich kühler wird, fallen die meisten Mitarbeiter wegen Krankheit aus. Sonst halten »die Verrückten« zusammen.

Es ist ein eigenwilliges Völkchen, das sich hier nachts tummelt. Hier zählt nur, wer die Arbeit nicht scheut, den Schnupfen ignoriert und zupacken kann. Wenn kein Kaffee mehr hilft, sich wach zu halten, dann stapeln sie ihre Waren um die Wette, rennen durch die Kälte zu ihren Paletten, feuern sich an, noch schneller, noch besser, noch geschickter zu sein und lachen gemeinsam, als wäre die Arbeit ein Urlaub. Ihr Ehrgeiz hält sie warm und wach – und die Perspektive: Je schneller die Arbeit erledigt ist, desto eher können sie nach Hause. Trotz des enormen Arbeitspensums hat der

Job laut Mührer seine Vorteile: »Durch die Arbeit in der Nacht entsteht ein Wahnsinns-Teamgefühl. Du weißt, dass Du Dich auf jeden verlassen kannst. Urlaub und Kohle sind auch fair geregelt.« Heute kann er sich nicht mehr vorstellen, nachts Autofahrer zu kontrollieren oder gar tagsüber auf der Wache Dienst zu schieben.

Info-Box

In allen großen Städten arbeiten Fleisch-, Frucht- und Blumenmärkte die Nacht durch. Einige Berliner Adressen:

Fleischgroßmarkt Berlin
Beusselstr. 44n-q
10553 Berlin
Tel.: (0 30) 3 95 70 51 53
Fax: (0 30) 3 95 69 26
www.berliner-fleischgrossmarkt.de

Blumengroßmarkt Berlin
Friedrichstraße 18
10969 Berlin
Tel.: (0 30) 25 92 30
Fax: (0 30) 25 92 31 11

Fruchthof Berlin
Beusselstraße 44n-q
10553 Berlin
Tel.: (0 30) 3 95 50 07
Fax: (0 30) 3 95 36 58
www.fruchthof-berlin.de

Sanitäter

Um den Rettungsdienst mal kurz zu beschreiben: Rettungsdienste haben zwei Aufgabenbereiche, nämlich Notfallrettungen und Krankentransporte. Bei schweren Verkehrsunfällen beispielsweise führen die Notärzte und Rettungsassistenten am Unfallort lebensrettende Maßnahmen durch und sorgen für die Transportfähigkeit der Opfer. Dabei werden Rettungswagen und manchmal auch Rettungshubschrauber mit Medizingerätetechnik und Medikamenten eingesetzt, sodass die Patienten erstversorgt und auf der Fahrt oder dem Flug in die Klinik behandelt werden können.

Kranke, verletzte oder hilfsbedürftige Menschen, die aber nicht in Lebensgefahr schweben, betreut der Krankentransportdienst. Er bringt beispielsweise Patienten von einem Krankenhaus in ein anderes oder von zu Hause in die Klinik. Qualifiziertes Rettungspersonal begleitet den Transport, um die notwendigen pflegerischen Maßnahmen, zum Beispiel das Ruhigstellen von Knochenbrüchen, durchzuführen oder im Fall des Falles einzugreifen. Wie weit dieses Eingreifen gehen kann, darüber herrscht Uneinigkeit in den Berufsvertretungen. Generell gilt, dass invasive Eingriffe wie Spritzen und Elektroschocks dem Arzt vorbehalten sind. Im Alltag aber ergreift der Rettungssanitäter eigenverantwortlich alle notwendigen Maßnahmen bis der Notarzt eintrifft. Und das kann eben auch bedeuten, dass er Spritzen setzt und Zugänge legt, wenn die Lage dies erfordert.

Gerade bei nächtlichen Einsätzen kann es auch während eines zunächst harmlosen Transports zu unvorhergesehenen Situationen kommen. Daher sind die Krankentransportwagen ebenfalls mit Blaulicht ausgerüstet. Benutzt werden darf es eigentlich nicht, da ein Krankentransport keine Notfallrettung ist. Die einzige Rückversicherung der Sanitäter ist ein Anruf bei ihrer Einsatzzentrale. »Wissen Sie«, erzählt Rosemarie Bansch, die für die Krankentransportfirma Gorris in Berlin seit über zehn Jahren nachts die Einsätze der Sanitäter koordiniert und den ehrenwerten Titel *Nachteule von Berlin* führt, »tagsüber können Sie ja noch einen Kollegen fragen. Aber nachts..., da sitzen Sie hier irgendwann mutterseelenallein und müssen in Sekundenschnelle zusammen mit dem Sanitäter entscheiden. Schließlich hängt möglicherweise ein Menschenleben davon ab.«

Schnell kann zu einer leichten Verletzung eine Ohnmacht kommen oder ein Beruhigungsmittel eine allergische Reaktion auslösen. Nachts reagieren Patienten anders als bei Tageslicht: Wer tagsüber mit seinen Bauchschmerzen zum Arzt um die Ecke gehen würde, ist nachts sehr viel schneller mit den Nerven am Ende. Schlaf- und Schmerzmittel, Albträume und Übermüdung können dazu beitragen, dass der Kranke seine eigene Lage völlig falsch einschätzt. Die Einsätze erfordern vom Sanitäter eine schnelle Urteilsfähigkeit, vieles ähnelt einer juristischen, moralischen und psychischen Gratwanderung. Sobald der Patient in der Klinik aufgenommen wurde, ist der Krankenwagen wieder einsatzbereit für den nächsten Fall.

Rettungshelfer und Zentrale sind nachts auch Ansprechpartner für viele einsame Menschen. Niemand wird zurückgewiesen oder gerügt, wenn er wegen einer Kreislaufschwäche den Notdienst angerufen hat. Prinzipiell wird jeder Patient in die Klinik gefahren, wenn er es wünscht. Denn nur ein Arzt kann entscheiden, wie ernst der Fall wirklich ist. Die Zentrale wählt aus, ob sie ihre eigenen Fahrer losschickt oder den Notfallwagen der Feuerwehr ruft. Sie kalkuliert die Wirtschaftlichkeit der Fahrt und schätzt die Zumutbarkeit des Falls für die eigenen Kollegen ein.

Seit Mitte der neunziger Jahre müssen alle Mitarbeiter im Krankentransportwesen eine Ausbildung haben, um den Grund eines Anrufs zu identifizieren, dem Notarzt zu assistieren, lebenswichtige Körperfunktionen der Patienten zu überwachen und deren Transportfähigkeit herzustellen. Neben den menschlichen Belastungen ist die Erfahrung, im Team mit Feuerwehr und Notarzt eine gute Tat vollbracht zu haben, ein sehr motivierendes Erlebnis.

Es gibt Sanitäter, Sanitätshelfer, Rettungssanitäter, Rettungsassistenten und Rettungshelfer. Die Bereiche sind nicht genau zu trennen und zudem von Bundesland zu Bundesland verschieden. Sanitäter und Sanitätshelfer sind Bezeichnungen aus dem Katastrophenschutz, in dem es mehr um den schnellen Transport von vielen Verletzten geht, beispielsweise nach einem Erdbeben. Man findet sie auch auf Massenereignissen, wie Kirmes, Festivals, Konzerten, Sportevents, Demonstrationen oder beim Karneval. Sie tragen einen Verbandskoffer mit sich, leisten Erste Hilfe und rufen Notarzt oder Rettungswagen. Rettungshelfer ist eine Art abgekürzte Ausbildung für Zivildienstleistende, die vor allem auf Zuruf der anderen arbeiten, also wissen müssen, wie Geräte zu bedienen und wo die Desinfektionsmittel zu finden sind. Rettungssanitäter dagegen haben eine Ausbildung hinter sich (zwei Jahre, bald möglicherweise drei Jahre), die mit einer staatlichen Prüfung abschließt. Sie sind Helfer des Arztes im Notfallgeschehen. Die Rettungsassistenten und Rettungssanitäter arbeiten ihnen zu und fahren den Einsatzwagen.

Info-Box

Berufsinteressen vertreten:

Berufsverband für den Rettungsdienst
Gießener Straße 42
35423 Lich
Tel.: (0 64 04) 95 00 65
Fax: (0 64 04) 95 00 66
www.bvrd.org

Verband Deutscher Rettungsassistenten und -sanitäter
Postfach 10 22 11
63268 Dreieich
Tel.: (0 61 03) 8 83 44
Fax: (0 61 03) 9 69 53
www.vdrs.de

Rettungsdienste und Ausbildung bieten:

Deutsches Rotes Kreuz
Carstenstr. 58
12205 Berlin
Tel.: (0 30) 85 40 40
Fax: (0 30) 85 40 44 50
ww.drk.de

Johanniter-Unfall-Hilfe
Lützowstraße 94
10785 Berlin
Tel.: (0 30) 26 99 70
Fax: (0 30) 26 99 75 55
www.johanniter.de

Arbeiter-Samariter-Bund
Postfach 42 03 49
50897 Köln
Tel.: (02 21) 47 60 50
Fax: (02 21) 47 60 52 88
www.asb-online.de

Malteser-Hilfsdienst
Postfach 19 05 58
51075 Köln
Tel.: (02 21) 98 22 01
Fax: (02 21) 9 82 23 99
www.malteser.de

Fachzeitschrift:

Der Rettungsdienst

Astronom

Was ein bisschen nach Astrologie, Horoskopen, Prophezeiungen und Aberglaube klingt, ist laut dem Zentrum für Astronomie und Astrophysik der Technischen Universität Berlin »die Wissenschaft der indirekt zugänglichen, unbelebten Materie außerhalb der Erde.« Klingt spannend. Schließlich spielte die Beobachtung der Himmelskörper schon immer eine große Rolle für Zeitmessung, Navigation und Entwicklung des Kalenders.

Während die Astronomie früher als Teil der Mathematik verstanden wurde, gehört sie heute zur Physik. Mit ihrer über 5000 Jahre alten Geschichte war sie immer Anziehungspunkt für Studierende der verschiedensten Fächer, wie Physik, Geophysik, Mathematik, Chemie, Raumfahrttechnik, aber auch Philosophie, Religion und Wissenschaftsgeschichte. Und natürlich gilt sie als Königsdisziplin für Nachteulen. Während man übersetzen, programmieren und Drinks mixen wenigstens theoretisch auch tagsüber machen kann, so bleibt der Blick in die Sterne eindeutig der Dunkelheit vorbehalten.

Die Begeisterung für die Astronomie hat gleich zwei Berufsgruppen hervorgebracht: zum einen die astronomischen Wissenschaftler, die Ausschau in die Weiten des Alls halten. Den Beobachtungen und Berechnungen zweier berühmter Vertreter dieser Zunft, Galilei und Kopernikus, verdankt die europäische Kultur, dass wir die Erde längst nicht mehr für eine Scheibe oder für den Mittelpunkt des Universums halten.

Heute scheint es am Himmel nicht mehr sehr viele Geheimnisse von lebenswichtiger Bedeutung zu geben. Denn die zweite Berufsgruppe der professionellen Sternengucker sind die Mitarbeiter der zahlreichen Volkssternwarten. Unter fachkundiger Aufsicht sind im ganzen Bundesgebiet Teleskope, Linsen und Berechnungsmodelle öffentlich zugänglich. Diese Sternwarten forschen nicht, sondern bieten lehrreiche und teilweise sehr beliebte Führungen und Veranstaltungen an, erklären die Sternzeichen, die Erdrotation und das Geheimnis der Kometen. Sie gewähren einen Einblick ins Universum mit einer Mischung aus Unterricht und Unterhaltung. In den meist angeschlossenen Planetarien mit künstlichem Sternenhimmel erhalten Schulklassen Auskunft zum Grossen Bären und Kleinen Wagen – in der Regel allerdings tagsüber! Bei Sonnen- und Mondfinsternissen geben die pädagogisch geschulten Mitarbeiter besorgten Bürgern Auskunft.

In Berlin steht seit dem Jahr 1896 die Archenhold Sternwarte im Treptower Volkspark zur Beobachtung der Sterne zur Verfügung. Sie war die erste öffentlich zugängliche Volkssternwarte in Deutschland und besitzt heute das längste Linsenfernrohr der Erde. Ursprünglich nur als vorübergehender Beitrag zu einer Gewerbeausstellung geplant, blieb sie wegen des großen Publikumserfolgs schließlich stehen und inspirierte andere deutsche Städte dazu, öffentliche Sternwarten zu errichten.

Dietmar Fürst leitet an der gemeinsamen Einrichtung aus Archenhold-Sternwarte und Zeiss-Planetarium die Pädagogische Abteilung. Bei schönem Wetter plant er, besondere Himmelsobjekte ins Visier zu nehmen, die sein Publikum dann durch das große Fernrohr betrachten kann. Beim üblichen Berliner Schmuddelwetter dagegen präsentiert er im Planetarium einen künstlichen Sternenhimmel mit leiser Musik und einer tiefen Stimme vom Band, die den Himmel erklärt. »Wir haben hier ja nur knapp 50 schöne Sommernächte im Jahr, in denen man die Sterne beobachten kann«, erklärt Fürst. »Dazu kommen die Luftverschmutzung und die Helligkeit. Große Städte strahlen auch, wenn es dunkel ist.«

Das sind denn auch die Gründe dafür, dass die wissenschaftliche Beobachtung der Sterne seit 1962 nicht mehr in Europa stattfindet. Damals suchten einige europäische Staaten einen neuen Platz für ihre teuren, astronomischen Präzisionsgeräte. In einem internationalen Vertrag unterzeichneten Belgien, Dänemark, Frankreich, Deutschland, Italien, die Niederlande, Portugal, Schweden und die Schweiz ein Abkommen zur gemeinsamen Nutzung eines Forschungsgeländes im Norden Chiles und gründeten die *European Southern Observatory*, die Europäischen Südsternwarten.

In Europa blieben die Auswertung und die Interpretation der Daten aus Chile, die in der ESO-Zentrale in München eintreffen. Diese Arbeit findet traurigerweise tagsüber statt. Der Traumberuf für die Schwärmer, Nachteulen und Romantiker ist also ein anderer geworden – ein wissenschaftlicher Beruf mit ganz normalen Arbeitszeiten. Trotzdem haben die Sterne ihre Anziehungskraft auf die Menschen nicht verloren. Während die Wissenschaftler mit der Datenauswertung beschäftigt sind, wird in den Planetarien und Volkssternwarten weiter in die Sterne geguckt.

Info-Box

Die Europäischen Südsternwarten sind zu erreichen über:

ESO Headquarter Garching
Karl Schwarzschild-Str. 2
85748 Garching
Tel.: (0 89) 32 00 60
Fax.: (0 89) 3 20 23 62

Das internationale Forschungsgelände in Chile:

ESO Office Santiago
Alonso de Cordova 3107
Vitacura
Casilla 19001
Chile – Santiago 19
Tel.: 00 56 (2) 4 63 30 00
Fax.: 0056 (2) 4 63 30 01
www.eso.org

Studieren kann man Astronomie und Astrophysik natürlich auch hierzulande. Zum Beispiel hier:

TU Berlin
Zentrum für Astronomie und
Astrophysik
Hardenbergstraße 36
10623 Berlin
Tel.: (0 30) 31 42 37 83
Fax: (0 30) 31 42 48 85

Landessternwarte Königstuhl
Universität Heidelberg
Königstuhl 12
69117 Heidelberg
Tel.: (62 21) 50 90
Fax: (62 21) 50 92 02
www.lsw.uni-heidelberg.de

Universitätssternwarte
Ernst Moritz Arndt-Universität
Domstraße 10a
17489 Greifswald
Tel.: (0 38 34) 86 47 08
Fax: (0 38 34) 47 01
www.physik.uni-greifswald.de

Einige Volkssternwarten:

Planetarium Stuttgart
Mittlerer Schlossgarten
70173 Stuttgart
Tel.: (07 11) 1 62 92 15
Fax: (07 11) 2 16 39 12
www.planetarium-stuttgart.de

Wilhelm-Foerster-Sternwarte
Munsterdamm 90
12169 Berlin
Tel.: (0 30) 7 90 09 30
Fax: (0 30) 79 00 93 12
www.wfs.be.schule.de

Planetarium München
Museumsinsel 1
80538 München
Tel. (0 89) 21 12 50
Fax. (0 89) 21 12 51 20
www.fdt.de/planetarium/

Archenhold Sternwarte Berlin
Alt Treptow 1
12435 Berlin
Tel.: (0 30) 5 34 80 80
Fax.: (0 30) 5 34 80 83
www.astw.de

Weitere Internettipps:

www.wappswelt.de/tnp/nineplanets/nineplanets.html – virtuelle Tour
   durch den Sternenhimmel
www.sternklar.de – kniffelige astronomische Fragen, das Weltraumwet-
   ter, den Zustand der Weltraumstation ISS und die Polarlichtvorher-
   sage
www.sterne-und-weltraum.de – Fachzeitschrift Sterne und Weltraum
www.iau.org – internationaler Astronomenverband

Noch mehr Berufe für Nachteulen

Tierpfleger für nachtaktive Tiere

Leider kein Job für Nachteulen, sondern nur für solche, die sich
gern mit (echten) Nachteulen umgeben. Denn die nachtaktiven
Tiere werden im Zoo umerzogen, das heißt: Durch abgedunkelte
Nachthäuser glauben die Tiere tagsüber, dass es Nacht ist. Ansonsten gäbe es für die Besucher nicht viel zu sehen. Im Frankfurter
Zoo beispielsweise gibt es Nagetiere, Raubtiere, Primaten, Fleder-
mäuse und Erdferkel, die alle nachts aktiv sind. Außerdem gibt es
einen nachtaktiven Wächter mit Ahnung von Tieren, der in Kon-

trollgängen feststellt, ob alles in Ordnung ist und gegebenenfalls Tierpfleger oder Tierarzt ruft.

Informationen bekommt man bei:

Berufsverband der Zootierpfleger
Am Röttgen 27
47829 Krefeld
Tel.: (0 21 51) 48 72 00
Fax: (0 21 51) 48 72 02
www.zootierpflege.de

Nachtwache Psychiatrie

In psychiatrische Kliniken kommen Patienten, die durch inneren oder äußeren Anlass in seelische Nöte geraten sind. Oft ist das Verhalten auffällig: Sie können nicht richtig sprechen und antworten, schluchzen oder starren vor sich hin. Sie leiden unter Depressionen, Neurosen, Sucht, Manien, Halluzinationen, Wahnvorstellungen, besonders Verfolgungs- und Beeinträchtigungswahn als Zeichen von Psychosen, formalen Denk- und Gefühlsstörungen, psychosomatischen Erkrankungen und Apathie. Viele sind suizidgefährdet. Die Stationen können zu jeder Zeit plötzlich laut, hektisch und chaotisch werden. In der psychiatrischen Nachtwache arbeiten Pfleger mit dreijähriger Berufsausbildung und Erfahrung im psychiatrischen Bereich. Wenn sich jemand nachts die Pulsadern aufschneidet, müssen die Pfleger sehr schnell eigenverantwortlich handeln, bis der Bereitschaftsarzt eintrifft. Auf den offenen Stationen herrscht auch nachts ein Kommen und Gehen. Die Pfleger arbeiten im Schichtdienst, in psychiatrischen Pflegeeinrichtungen gibt es jedoch auch reine Nachtdienstler.

Krisenzentrum Auswärtiges Amt

Die Welt schläft nicht. Irgendwo ist immer jemand wach. Im Krisen- und Lagezentrum des Auswärtigen Amts werden nachts Anrufe entgegengenommen, die mit der Sicherheit der Republik zu tun haben könnten. Ob jemand den libyschen Staatschef Gaddafi an einer Bushaltestelle gesehen haben will, oder ob die Nachrichtenagenturen ein schweres Erdbeben in Indien melden – die Beamten verfolgen, was gerade auf dem Globus passiert. Oft rufen Leute an, weil sie in den Spätnachrichten etwas Besorgniserregendes gehört oder in der Kneipe mit Freunden diskutiert haben und jetzt noch einmal nachfragen wollen. An der Wand hängt eine Telefonliste, damit die Leitungsebene des Auswärtigen Amts innerhalb von Minuten aus dem Bett geholt und ein Krisenstab einberufen werden kann. In der Krisenzentrale rufen auch Angehörige der Opfer von Flugzeugabstürzen, Geiselnahmen und Terroranschlägen an. Die Beamten des Auswärtigen Amts arbeiten im Schichtdienst und werden auch »Nachtwächter der Nation« genannt.[18]

EDV-Notservice

Wenn Ihre Diplomarbeit eigentlich am nächsten Morgen beim Prüfungsamt sein müsste oder Sie dringend noch einen Artikel über Nacht fertig schreiben wollen, können Sie sich auf eins verlassen: Ihr PC wird an irgendeiner Stelle streiken. Der Kumpel, der die Software installiert hat, weilt naturgemäß gerade im Urlaub. Für solche Fälle stehen nachts PC-Sanitäter zur Verfügung, die Computer wieder zum Laufen bringen, Daten retten, Viren entfernen, Modems und Drucker wieder ansprechbar machen. Wenn nichts zu retten ist, werden auch Leihgeräte zur Verfügung gestellt. Eine Notservice-Kette mit mehreren bundesdeutschen Standorten findet sich unter www.pcnotruf.de.

Telefonauskunft

Jeder hat die Nummer schon einmal gewählt: 11833, die Auskunft der deutschen *Telekom*. Dort landet man allerdings nicht bei Beamten der ehemaligen Post, sondern in externen Callcentern, je nachdem, wo gerade eine Leitung frei ist. Die Callcenter sind rund um die Uhr besetzt, Schichtwünsche werden berücksichtigt. Auch *Telegate* arbeitet mit Callcentern, die meisten davon in den Neuen Bundesländern. Rund 2500 Operators beantworten etwa 400000 Anrufe pro Tag.[19] Unter 11880 gibt es nicht nur klassische Auskunftsdienste wie Telefonnummern, Adressen und Postleitzahlen, sondern auch Staunachrichten, Routenplaner, bundesweite Notdienstzeiten von Apotheken und Ärzten, Events, Tickets und vieles mehr. Durch eine riesige Unternehmensdatenbank können auch Spezialfragen à la »Wo gibt es ein spezielles Gesundheitsschuhgeschäft in Paderborn?« beantwortet werden. Alle Informationen werden auf Wunsch auch über SMS, Fax oder E-Mail zugeschickt. Die Ausbildung zu einem Callcenter-Agenten für Telegate dauert 8 Wochen.

Teil III
Workshop

Denn wer nachts arbeitet, genieße, wenn andere früh
zur Mühe gehen.

Johann Wolfgang von Goethe, Dichter

Den enen sin Uhl is den annern sin Nachtigall.

Theodor Fontane, Schriftsteller

Ein Barkeeper ist ein Experte für Nachtlokalanästhesie.

Ralph Boller, Publizist

8.

Workshop zur Individuellen Berufsfindung

Im vorangegangenen Teil des Buchs haben Sie gesehen, wie andere vor Ihnen ihre Aufgewecktheit zum Beruf gemacht haben. Kneipiers, Barkeeper, DJs, Talkshowmoderatorinnen, Bildmischer, Konzertveranstalter, Maskenbildnerinnen, Polizei- und Klatschreporter: Die Möglichkeiten für Nachteulen auf dem Arbeitsmarkt sind groß.

Genau diese Vielfalt aber ist es, die einige zur Verzweiflung bringt. Wer alles machen kann, macht manchmal gar nichts. So wie Buridans Esel, der verhungert, weil er sich zwischen zwei gleich großen Heubündeln nicht entscheiden kann. Damit es Ihnen bei der Berufsfindung nicht ähnlich ergeht, zeigen wir jetzt, wie Sie aus all den Möglichkeiten das Richtige für sich auswählen.

Die folgenden zehn Schritte sind die Grundlage der Individuellen Berufsfindung. Wer es ausführlicher möchte und sich viele Anregungen und Beispiele wünscht, findet sie in der Berufsfindungsfibel *Der Job, der zu mir passt*.[20]

Die Grundfragen der Individuellen Berufsfindung lauten:

1. Was kann ich? (Fähigkeiten)
2. Was will ich? (Motivationen)
3. Wo gibt es einen Job, der dazu passt?

Auch wenn die meisten Nachteulen lieber feiern als schreiben, sollten Sie die folgenden Schritte unbedingt schriftlich bearbeiten. Legen Sie einen Berufsfindungsblock oder einen Ordner an. Dort erarbeiten Sie eine Übersicht, die Ihnen hilft, ein Tätigkeitsgebiet zu entwickeln. Begleiten wird Sie dabei das Beispiel eines Nachtschwärmers namens Peter, der seine Ausgeschlafenheit zum Beruf gemacht hat.

Schritt 1: Was kann ich?

Viele Leute tun sich schwer damit, ihre eigenen Stärken und Fähigkeiten anderen zu vermitteln. Und schlimmer noch: Viele fühlen sich selbst unsicher, was das eigene Potenzial angeht. Deshalb stellen wir die Frage nach persönlichen Fähigkeiten hier einmal anhand *konkreter* Situationen Ihrer Biografie.

Und das geht so: Nehmen Sie Ihren Berufsfindungsblock zur Hand, und schreiben Sie einige Situationen der letzten Monate und Jahre auf, in denen Sie stolz auf sich waren. Situationen, in denen Sie sich selbst auf die Schulter geklopft haben und dachten: »Das habe ich wirklich gut gemacht.«

Nun schauen Sie sich diese Situationen einmal genauer an. Analysieren Sie: Welche Fähigkeiten habe ich damals eingesetzt? Ohne welche meiner Stärken hätte das Ganze nicht funktioniert?

Unser Beispiel: Peter war stolz auf sich, als er seine erste Jugendgruppe bei den Pfadfindern übernommen hatte. Da es dort auch schwierige Kinder und Jugendliche gab, war er stolz darauf, über die Zeit zu allen ein gutes Verhältnis aufzubauen und viele Streitigkeiten im persönlichen Gespräch zu lösen. Peter war stolz, als er bei einem Autounfall die Nerven bewahrte und sich zuerst um zwei Verletzte kümmerte. Durch seine Zeit im Zivildienst war er routiniert genug, um sofort Erste Hilfe zu leisten. Er ist stolz darauf, dass seine Kollegen ihn in den Betriebsrat wählten. Und er findet, dass er die besten Partys macht, zumindest die, die am längsten dauern. Während bei anderen viele kurz nach Mitternacht gehen, bleiben die meisten seiner Gäste bis in die frühen Morgenstunden.

Peters Stärken-Liste:

- Verantwortungsbewusstsein
- wirkt vertrauenswürdig
- kann schnell persönliche Beziehungen aufbauen

- wird respektiert
- gute kommunikative Fähigkeiten
- kann gut mit Kindern und Jugendlichen umgehen
- kann auch mit schwierigen Menschen umgehen
- kann Probleme durch Vermitteln lösen
- bewahrt in Stresssituationen einen kühlen Kopf
- gute Kenntnisse in Erster Hilfe
- soziales Bewusstsein
- setzt sich für andere ein
- engagiert
- bei Kollegen und Freunden beliebt
- gut organisieren
- andere begeistern
- guter Gastgeber
- andere fühlen sich bei ihm wohl

Schritt 2: Was will ich?

Die Antwort auf die Frage Was will ich? fällt den meisten noch schwerer als die Angabe der eigenen Fähigkeiten. Daher untersuchen wir hier noch einmal Ihre Biografie. Diesmal geht es um Situationen, in denen Sie hoch motiviert waren. Schreiben Sie auf, wann Sie schon einmal über sich selbst hinausgewachsen sind. Wann haben Sie unglaubliche Energie entwickelt und hatten das Gefühl, die Welt auf den Kopf stellen zu können? Es gibt sie nämlich, allen Unkenrufen zum Trotz: die Tage, an denen Sie wirbeln und an denen es Ihnen ganz leicht fällt, etwas zu tun.

Nun analysieren Sie wieder: Was genau hat Ihre Energiereserven in diesen Momenten mobilisiert? War es entscheidend, dass die Situation etwas mit einem bestimmten Thema (Kunst, Gesundheit, Sport) zu tun hatte? Oder dass Sie anderen in einem schwierigen Augenblick zur Seite stehen konnten? Was genau hat Sie angetrieben? Fertigen Sie eine zweite Liste mit Ihren Motivationen an.

Unser Beispiel: Peter hat besonders viel Energie an den Tag gelegt, als es darum ging, an einem Kurzgeschichten-Wettbewerb teilzunehmen. Nächtelang hat er am Schreibtisch gesessen und bester Laune Ideen entwickelt. Er ist motiviert, neue Rezepte auszuprobieren und für seine Partys immer etwas ganz Besonderes zu zaubern. Er hat gewirbelt, als es darum ging, die Geburtstagsfeier seines Patenkindes zu organisieren und sich Spiele auszudenken. Er hat in Büchereien gestöbert, Eltern befragt und im Internet nach Ideen gesucht. Freiwillig früh morgens aufstehen? Ausschließlich für Urlaubsreisen, am liebsten mit Freunden oder seinen Jugendgruppen.

Peters Motivationsliste:

- Wettbewerbssituationen
- schreiben
- fantasieren, sich Geschichten ausdenken
- Neues ausprobieren
- Ideen entwickeln, wie andere Spaß haben könnten
- andere bewirten
- gut essen
- andere unterhalten
- etwas Besonderes machen
- feiern
- in Bewegung sein
- Reisen

Schritt 3: Was ich tun würde, wenn ich nicht scheitern könnte

Nach der Analyse Ihrer Fähigkeiten und Motivationen geben wir Ihnen noch drei Fragen mit auf den Weg. Auch diese dienen als Wegweiser auf der Suche nach einem beruflichen Feld, das Sie wirklich motiviert und zu Höchstleistungen anstachelt.

1. Von dem amerikanischen Berufsberater Richard Bolles stammt die folgende besonders kurze Form der Berufsfindung: Von allen Leuten, die Sie kennen, wessen Job hätten Sie am liebsten?

Denken Sie dabei an Menschen, die Sie schon einmal im Fernsehen gesehen oder von denen Sie gehört oder in der Zeitung gelesen haben. Notieren Sie einen oder mehrere Namen (Alfred Biolek, Julia Roberts, Gerd Ruge. Peters Wahl: der persönliche Assistent von Madonna oder Mick Jagger, Bill Gates).

2. Viele Berufssuchende haben in ihrem Leben schon einmal Vorstellungen von einem erstrebenswerten Beruf gehabt, die sie dann irgendwann aufgrund äußerer Umstände aufgaben. Wenn es einen solchen Berufswunsch bei Ihnen gab (Schauspielerin, Fußballtrainer, Grundschullehrerin) – bitte notieren. (Bei Peter: Schriftsteller, Kinderarzt).

3. Eine der klassischen Berufsfindungsfragen lautet: Was würden Sie tun, wenn Sie *nicht* scheitern könnten? Stellen Sie sich vor, eines Tages erscheint die Berufsfee: »Du hast jetzt einen Berufswunsch frei.« Was wünschen Sie sich? (ein Reisemagazin moderieren, Motivationstrainer sein, die erste grüne Bundeskanzlerin werden. Peters Wahl: eine Jugendherberge am Mittelmeer betreiben).

Zwischenergebnis: Die Anatomie Ihres Traumberufs

Aus den bisherigen Ergebnissen Ihres Workshops erstellen Sie nun ein Schaubild (siehe Grafik). Zur Erinnerung: Sie suchen nach einem Tätigkeitsgebiet, auf dem Sie Ihre Interessen und Fähigkeiten sinnvoll und gewinnbringend einsetzen können.

Fertigen Sie zu diesem Zweck Konzentrate aus den Listen mit Ihren wichtigsten Fähigkeiten und Motivationen, und übertragen Sie diese in Ihr Schaubild. Wählen Sie von allen bisher notierten Situationen diejenigen Punkte Ihrer Biografie aus, die Ihnen am meisten bedeuten. Tragen Sie auch weitere Details Ihres Traumberufs zusammen: Möchten Sie einen Beruf, in dem Sie sich viel bewegen oder in dem Sie oft draußen sind? Oder lieber einen, den Sie von zu Hause aus erledigen können? Halten Sie (beispielsweise unter dem Punkt Extrawünsche) fest, durch welche Eigenschaften sich Ihr Traumberuf auszeichnen sollte.

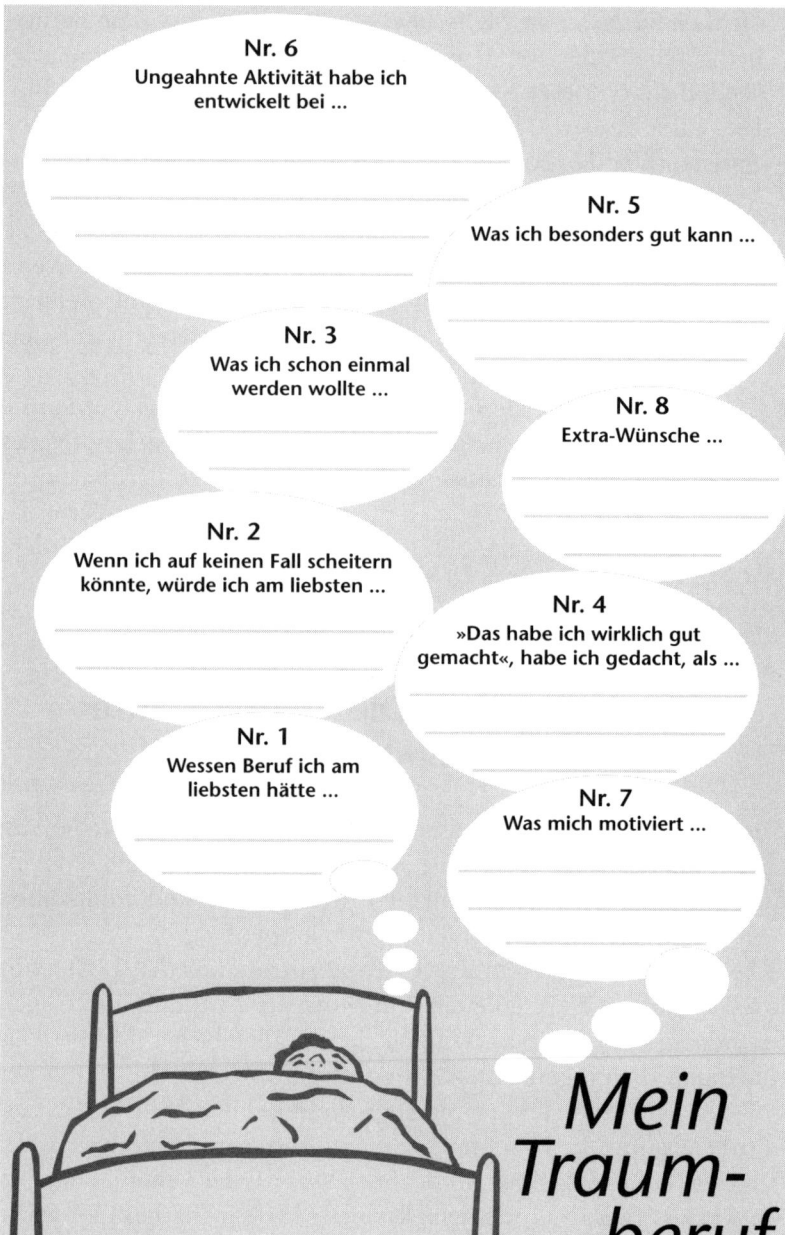

Die Grafik auf der folgenden Seite dient als Vorschlag für die Zusammenstellung Ihrer Antworten. Wichtig ist, dass Sie Ihre bisher notierten Ergebnisse sortieren. Das Schaubild dient als Grundlage für das folgende Brainstorming. Lesen Sie daher erst weiter, wenn alles seinen Platz hat.

Schritt 4: Welche Tätigkeitsfelder ergeben sich aus diesen Interessen und Motivationen?

Neue Ideen entstehen vor allem aus der Verknüpfung von bereits Bekanntem. Das ist der Grund, warum Sie Ihre bisherigen Ergebnisse aufgeschrieben haben. Ihnen stehen nun die einzelnen Resultate für ein spielerisches Zusammensetzen zur Verfügung.

Wie das geht? Fantasieren Sie einmal:

- Wenn Sie besonders motiviert sind, mit Ihrer Rockband aufzutreten und Sie über Organisations- und Verhandlungsgeschick verfügen, überlegen Sie, ob die Konzertveranstaltung ein lohnendes Einsatzgebiet für Sie ist.
- Wenn Sie stolz darauf waren, Ihren Abiball zu moderieren, wenn Sie andere gut unterhalten können, schlagfertig sind und eine schöne Stimme haben, ziehen Sie eine Tätigkeit als Conférencier in Betracht.
- Wenn Sie stolz auf Ihren guten Geschmack sind und Ihre Freunde gern zum Weintrinken einladen, wenn Sie darüber hinaus Spaß daran haben, andere zu beraten, denken Sie über eine Ausbildung zum Sommelier, zur Sommelière nach.
- Wenn Sie nur für Ihre Reisen früh aufstehen und Sie viel herumkommen wollen und Sie außerdem gern im Team arbeiten, denken Sie darüber nach Flugbegleiter für Langstreckenflüge zu werden.
- Wenn Sie am liebsten nachts durch die Kneipen und Clubs ziehen, wenn Sie Spaß an originellen Aktionen und gute kommunikative Fähigkeiten haben und sich gern mit Gott und der Welt unterhalten, könnte die Szene-Promotion etwas für Sie sein.

Vielleicht ist Ihnen bei der bisherigen Beschäftigung mit Berufsbildern für Nachteulen bereits eine Idee gekommen. Falls nicht, tasten Sie sich vorsichtig an Ihren neuen Traumberuf heran. Veranstalten Sie zunächst ein ungezwungenes Brainstorming: Welche Tätigkeiten oder Bereiche wären Ihrer Traumberufgrafik nach *genau das Richtige* für Sie?

Gehen Sie dabei spielerisch und nicht schematisch vor. Nicht immer ergibt eine Kombination von A und B bereits Ihren Traumberuf. Experimentieren Sie stattdessen mit Ihren Ergebnissen, und seien Sie kreativ! Formulieren Sie imaginäre Tätigkeitsfelder und echte Traumberufe, in denen Sie Ihre Fähigkeiten und Motivationen am liebsten einsetzen würden. Formulieren Sie die Lieblingssituation Ihres Lebens in ein berufliches Tätigkeitsfeld um!

Und Peter? Er entschließt sich, in den Bereich professionelle Kinderbetreuung zu gehen. Was er genau dort tun wird und wie er es schafft, in einer Nische erfolgreich zu sein – davon handeln die nächsten Schritte.

Schritt 5: Spezialisierung

Die meisten Berufswünsche sind viel zu allgemein. Unkonkrete Formulierungen wie »Ich will etwas im Bereich Medien machen« oder »Ich stelle mir etwas in der Gastronomie vor« eignen sich überhaupt nicht dazu, sich zielgerichtet auf die Suche nach einem Arbeitsplatz zu machen. Daher geht es in diesem Schritt darum, Ihr Ziel weiter einzugrenzen.

Eine berufliche Spezialisierung bringt erhebliche Vorteile mit sich: Durch ein spezielles Thema oder eine spezielle Zielgruppe schafft man sich ein individuelles Profil, mit dem man sich bei Bewerbungen, Auftragsvergaben und anderen Kontaktaufnahmen leicht von anderen abheben kann.

Zur Erklärung einige Beispiele für gelungene Spezialisierungen:

- Klatschreporterin für Home Storys
- Lichttechniker für Lasershows

- Barkeeper für Gesundheits- und Wellnessdrinks
- Tontechniker für Hörbücher
- DJ für Worldmusic
- Übersetzer von japanischer Managementliteratur oder von amerikanischen Krimis
- Pyrotechniker für Indoor-Veranstaltungen (Bühnenfeuerwerk)
- Filmvorführer für Freilichtbühnen

Für die folgenden Überlegungen ist es wichtig, dass Sie Ihr berufliches Ziel inklusive Spezialisierung so konkret wie möglich fassen. Das bedeutet, dass Sie in einem klaren Satz formulieren, was Sie werden wollen, und nicht nur allgemeine Stichworte zum Thema Berufsfindung notieren. Clarity is Power – in der klaren Formulierung eines Ziels liegt die Kraft, dieses auch zu erreichen. Schauen Sie sich einmal die unterschiedliche Wirkung an zwischen dem Stichwort ›Cafe‹ und dem präzise und selbstbewusst formulierten: »Ich will ein Mitternachtscafé mit außergewöhnlichen selbst gemachten Desserts betreiben.« Oder: »Ich will Nightmanager in einem Künstlerhotel werden.«

Notieren Sie Ihre Ziele dort, wo Sie sie regelmäßig zur Kenntnis nehmen: im Kalender, über Ihrem Schreibtisch oder sichtbar neben dem Bett (um sie vor dem Einschlafen immer wieder durchzusehen).

Schritt 6: Ermittlung: Wo gibt es solche Tätigkeiten?

Die verbleibenden Schritte leiten Sie nun an, Ihr frisch formuliertes Ziel in die Tat umzusetzen. Denn: Ob man ein Ziel erreicht oder nicht, hängt in erster Linie von der eingesetzten Strategie ab. Wer nicht wohlüberlegt plant und organisiert, kann nichts erreichen.

Es ist nun an der Zeit, die Welt nach Einsatzmöglichkeiten für Sie zu durchforsten. Beginnen Sie wieder mit der Sammlung von Ideen. Fragen Sie: Wo werden solche Tätigkeiten gebraucht? Oder: An welchen Orten *könnten* solche Tätigkeiten gebraucht werden?

Barkeeper beispielsweise arbeiten nicht nur in Bars, Clubs und Diskotheken. Barkeeper können auch in Hotels und Restaurants, auf Empfängen, Bällen, Messen oder als Rent-a-Barkeeper auf großen Partys mixen. Auch die Feinkostabteilungen der Kaufhäuser, Fitnessstudios, Sportressorts oder andere Freizeitanlagen wie Golfclubs oder Vergnügungsparks kommen als Einsatzort in Frage. Fertigen Sie eine Liste an, auf der sämtliche Ideen festgehalten werden.

Peters Einsatzliste: Professionelle Kinderbetreuung wird benötigt oder könnte benötigt werden von:

- Eltern
- Unternehmen
- Messegesellschaften, Kongressveranstaltern
- Kinder- und Jugendreiseveranstaltern
- Shopping-Centern
- Universitäten
- Frauenprojekten
- Ämtern
- Hotels
- Produktionsgesellschaften (Film/TV)
- Sport- und Freizeitanlagen

Da Peter kein Frühaufsteher ist, entscheidet er sich dafür, einen professionellen Spät-Babysitterservice für gestresste Manager und Managerinnen anzubieten. Die Betreuer sind dabei sorgfältig ausgesucht, geschult und zeitlich sehr flexibel. Sie holen die Kinder vom Betriebskindergarten (soweit vorhanden) ab, beschäftigen sie, lesen Gute-Nacht-Geschichten vor und bleiben, bis Vater oder Mutter nach Hause kommen. Die Kosten für den Service trägt das Unternehmen – als Anreiz für qualifizierte Führungskräfte mit Kindern. Dabei scheint es ihm am attraktivsten, den Service bei Unternehmen anzubieten, die auf hoch qualifizierte Mitarbeiter und Mitarbeiterinnen angewiesen sind, bislang aber nur wenig Hilfe anbieten (die meisten Betriebskindergärten schließen gegen 17 Uhr). Gehen Sie genauso vor: Fertigen Sie eine Liste mit möglichen Einsatzgebieten an, und wählen Sie dann einen Bereich aus. Formulieren Sie Ihr spezifisches Ziel nun inklusive Einsatzgebiet.

Einige Beispiele:

- Klatschreporterin für Home Storys in Boulevardzeitungen
- Lasershow-Techniker in einem Tanztheater
- DJ für Worldmusic bei einem Jugendradiosender
- Barkeeper für Gesundheits- und Wellnessdrinks in einem Sporthotel
- Roadie für Multimedia-Installationen bei einem Konzertservice

Schritt 7: Informationsphase

Im vorangegangenen Schritt haben Sie ein konkretes Einsatzgebiet für Ihre Tätigkeit festgelegt. Es ist nun an der Zeit, Informationen über die Unternehmen zu beschaffen, die in genau diesem Bereich tätig sind. Beginnen Sie Ihre Recherche damit, eine Liste mit allen Firmen, Auftraggebern oder Projekten zusammenzustellen, die möglicherweise für Ihr Vorhaben in Frage kommen.

Wenn Sie beispielsweise Bildmischer oder Tontechniker in einer TV-Produktionsfirma werden möchten, finden Sie die Adressen von Produktionsfirmen in Medienführern. Wenn Sie EDV-Techniker bei einem PC-Notruf werden wollen, schauen Sie ins Branchenverzeichnis.

In einigen Fällen ist die Beschaffung erster Adressen zeitaufwändiger: Wer beispielsweise japanische Managementliteratur ins Deutsche übersetzen will, geht in eine große Buchhandlung und verschafft sich einen Überblick, welche Verlage solche Bücher veröffentlichen. Man kann auch den Buchhändler seines Vertrauens fragen, welche Verlage ein entsprechendes Programm haben. Bei der Recherche nach Hausverwaltungen, die Concierge-Services anbieten, ist man möglicherweise darauf angewiesen, die Immobilienanzeigen der Tagespresse nach entsprechenden Adressen durchzusehen. In solchen Fällen liegen die Adressen noch nicht an einer zentralen Stelle gesammelt vor, sondern müssen einzeln recherchiert werden. Übrigens hilft es auch, bewusst Augen und Ohren offen zuhalten. Ist man erst einmal für bestimmte Themen sensibilisiert, findet man überall interessante Neuigkeiten. »Berufsfindung macht magnetisch für Informationen«, behaupten die Berufsberater Johanna Frank und Lorenz Wolff.[21]

Ein Anruf pro Firma

Wenn Sie eine Liste mit allen für Sie interessanten Arbeitgebern (oder Auftraggebern, falls Sie wie Peter über Selbstständigkeit nachdenken), zusammengestellt haben, beginnen Sie damit, diese systematisch abzutelefonieren. Bitten Sie jede Firma, jedes Projekt um ausführliches Informationsmaterial. Wenn Sie beispielsweise Croupier in einem Casino werden möchten, empfiehlt sich ein Anruf bei zehn Spielbanken. In der Regel wird man Ihnen Informationsmappen oder Imagebroschüren zuschicken. Wenn Sie einen Job als Nightmanager in einem Künstlerhotel haben wollen, finden Sie in Stadt- und Hotelführern Adressen von entsprechenden Häusern. Lassen Sie sich Unterlagen zuschicken, gehen Sie ins Internet, forschen Sie in Zeitungsarchiven, welche Regisseure, Schauspielerinnen, Malerinnen und Musiker dort übernachtet haben. Wenn Sie lieber in einem neu eröffneten Fünf-Sterne-Restaurant arbeiten wollen, ist es mit einem Anruf möglicherweise nicht getan. Fahren Sie stattdessen hin, und machen Sie sich ein eigenes Bild vor Ort.

Manchen Berufssuchenden fällt es leichter, diese erste Informationsphase unter einem Vorwand durchzuführen. Um sich die Sache zu erleichtern, geben sie beispielsweise an, dass sie für einen Artikel oder für eine Hausarbeit recherchieren. Ob Sie eine Ausrede bemühen oder nicht, bleibt ganz allein Ihnen überlassen. Sagen Sie das, womit Sie sich wohl fühlen.

Die Informationen, die Sie auf diese Weise sammeln, arbeiten Sie sorgfältig durch. Heften Sie alles in Ihrem Berufsfindungsordner ab. Sie sollten jetzt bereits eine ganze Menge über die Unternehmen, Etablissements und Organisationen in Erfahrung gebracht haben, die sich möglicherweise für Ihre Arbeit interessieren. Allein die Beschäftigung mit diesen Informationen bietet Ihnen wertvolle Hinweise für Ihr weiteres Vorgehen.

Und Peter? Er ruft bei 50 großen Unternehmen an, fragt, ob Kinderbetreuung angeboten wird und bittet um Zusendung von

Informationen. Er arbeitet alles durch und verschafft sich einen Überblick, wer Betriebskindergärten oder die Vermittlung von Kinderfrauen anbietet. Er recherchiert im Internet, wer professionelle Babysitter vermittelt und lässt sich ebenfalls die Unterlagen schicken. Er ruft beim Familienministerium an und bittet um Zusendungen von Studien zum Thema Kinderbetreuung. Zusätzlich recherchiert er im Archiv von Elternzeitschriften, wo es besonders positive oder besonders negative Beispiele von professioneller Kinderbetreuung gibt. Er besucht einige Betriebskindergärten und bittet drei Freundinnen, die Babysitterservices auszuprobieren und von ihren Erfahrungen zu berichten. Alle gesammelten Informationen heftet Peter in seinem Berufsfindungsordner ab.

Eine Auswahl treffen

Wenn Sie alle Informationen zu den für Sie interessanten Organisationen und Projekten auf Ihrer Liste durchgearbeitet haben, wählen Sie die etwa zwei bis vier für Sie interessantesten Unternehmen aus. Diese stehen von nun an im Zentrum Ihrer Aufmerksamkeit. Sammeln Sie weiter gezielt alles über diese für Sie besonders attraktiven Unternehmen und Projekte. Je mehr Sie über Ihren zukünftigen Arbeitgeber oder Auftraggeber wissen, desto stärker Ihre Position.

Wenn Sie Nightmanager in einem ganz bestimmten Künstlerhotel werden wollen, finden Sie heraus, was den Gästen dort geboten wird (zum Beispiel rund um die Uhr verfügbare Saunen, Fitnessgeräte, ein Massage- und ein 24-Stunden-Sushi-Service) und wie die Zimmer ausgestattet sind. Wer ist Chef der Küche, und was setzt er auf die Karte? Vielleicht hat das Hotel einen eigenen Sommelier. Wie heißt er, wie lange ist er abends da, und welchen Umfang hat der Weinkeller? Welche Personalpolitik wird in dem Haus verfolgt, und welchen beruflichen Werdegang hat der Hoteldirektor? Jede Information bringt Sie Ihrem Ziel ein kleines Stück näher.

Eine der besten Quellen für Informationen sind Leute, die in den betreffenden Projekten arbeiten oder einmal gearbeitet haben und die Auskunft über die internen Abläufe und Besonderheiten geben können. Wenn Sie nicht über entsprechende Kontakte verfügen, hören Sie sich in Ihrem Bekanntenkreis um, ob es nicht jemanden gibt, der Ihnen weiterhelfen kann.

Da Peter sich dafür entschieden hat, einen Kinderbetreuungsservice für Führungskräfte anzubieten, hat er sein Augenmerk vor allem auf Unternehmen gerichtet, die keinen Betriebskindergarten haben oder einen, der jedoch am späten Nachmittag schließt. Vor allem zwei Unternehmen fielen ihm auf, die sich besonders die Förderung von weiblichen Führungskräften auf die Fahnen geschrieben haben. Zusätzlich zu den bereits gesammelten Informationen findet Peter bei seinen Recherchen heraus, dass die Personalchefin des einen Unternehmens ihre Diplomarbeit über die Rekrutierung von weiblichen High Potentials geschrieben hat (die er in der Universitätsbibliothek einsehen kann). Zusätzlich besorgt Peter Informationen über die Kinderbetreuungsangebote amerikanischer, skandinavischer und französischer Unternehmen.

Schritt 8: Persönliche Kontakte gezielt aufbauen

In nahezu jeder Phase Ihrer Berufsfindung, vor allem aber dann, wenn Sie das Gefühl haben nicht weiterzukommen, werden Ihnen gute Kontakte helfen. Dabei geht es keinesfalls darum, dass Ihr Vater Sie in der Firma eines Studienkollegen unterbringt. Es geht vielmehr um die Beschaffung von guten Informationen und manchmal auch darum, Türen für Sie zu öffnen. Hineingehen und »Guten Tag« sagen müssen Sie jedoch selbst.

Leute, die in »Ihrem« Bereich arbeiten oder gearbeitet haben, liefern Ihnen besonders interessante Informationen für Ihr berufliches Vorhaben: Welche Entwicklungen zeichnen sich in einer Branche ab? Was sind die mittel- und langfristigen Pläne bestimmter Unternehmen? Welche Probleme bestehen dort, oder welche werden sich voraussichtlich entwickeln? Wann werden welche Stellen frei? Und: Welche Leute sind besonders wichtig? Wer in dem von

Ihnen angestrebten Bereich arbeitet, kann Ihnen viele Detailinformationen geben, die von außen schwer zu bekommen sind.

Wie man solche Leute findet? Zunächst einmal müssen Sie sich überlegen, zu wem Sie einen Kontakt aufbauen wollen. Wenn es Sie beispielsweise in die Fernsehmoderation zieht, ist es nützlich, sich mit Moderatoren, Redakteuren, Kameraleuten, Tontechnikern, Warm-Uppern und Gästefindern zu unterhalten. Auch Mitarbeiter von Produktionsfirmen oder Moderatorentrainer können interessante Gesprächspartner sein. Hören Sie sich in Ihrem Bekanntenkreis um, wer jemanden kennt, auf den diese Beschreibung zutrifft. Es wird sich schnell jemand finden, der einen Kontakt vermitteln kann.

Den Kontakt zu einer konkreten Person herzustellen ist oft viel leichter, als man denkt. Die Strategieberaterin Kerstin Friedrich aus Bremen beschreibt das so: »Mit maximal vier Kontakten kann man praktisch jeden Menschen auf der ganzen Welt erreichen.« Spielen Sie es einmal im Kopf durch: Sie wollen einen Kontakt zu Boris Becker herstellen (oder zu Angela Merkel oder zu Till Schweiger). Wen könnten Sie fragen? Wie viele Kontakte würden Sie benötigen?

Peter beispielsweise knüpft über einen ehemaligen Studienkollegen den Kontakt zur Leiterin eines Betriebskindergartens. Er ruft an, etwa so: »Guten Tag, hier spricht Peter Müller. Ich habe Ihre Nummer von meinem Studienkollegen Rainer Schmitz, von dem ich Sie ganz herzlich grüßen soll. Es geht um Folgendes: Ich habe während meines Studiums viele Kinder- und Jugendfreizeiten bei den Pfadfindern betreut. Um meine Erfahrungen auf diesem Gebiet auszubauen, interessiere ich mich für die Arbeit von professionellen Betreuungseinrichtungen. Darf ich Ihnen ein paar Fragen stellen? Es dauert auch nicht länger als zehn Minuten.« Da fast alle Leute sich freuen, wenn man sich ernsthaft für sie und ihre Arbeit interessiert, stellen Sie Ihrem Gesprächspartner folgende Fragen:

1. Wie sieht Ihr ganz normaler Arbeitsalltag aus?
2. Wie sind Sie in diese Position gekommen?
3. Was muss man dafür können, fachlich und außerfachlich?

4. Was sind die besonderen Vorteile und Erfolgserlebnisse dieses Berufs?
5. Was sind die spezifischen Nachteile und Belastungen?
6. Haben Sie einen Tipp, mit wem ich mich noch unterhalten sollte?[22]

Die Auskünfte Ihrer »Informanten« liefern Ihnen weitere wertvolle Hinweise darüber, wie Sie Ihren Traumberuf realisieren können. Auch hier gilt: Jede einzelne Information bringt Sie Ihrem Ziel ein kleines Stück näher. Natürlich notieren Sie die wichtigsten Punkte des Telefonats in Ihrem Berufsfindungsblock.

Kontaktpersonen spielen nicht nur bei der Informationsbeschaffung eine große Rolle. Sie helfen auch bei der Anbahnung von ersten Bewerbungsgesprächen. Wer seinen Anruf beim Projektleiter beginnen kann mit: »Ich soll Sie herzlich von Frau Wartenberg vom Deutschen Journalistenverband grüßen«, wird schneller als andere auf offene Ohren treffen.

Überlegen Sie, auf wen Sie sich in einem ersten Gespräch berufen können. Vielleicht auf Ihren Universitätsprofessor, auf den Experten, den Sie auf einer Konferenz kennengelernt haben oder auf eine andere wichtige Person, zu der Sie während Ihrer Recherche Kontakt aufgenommen haben. Selbstverständlich müssen Sie diese Menschen von Ihrem Vorhaben unterrichten.

Schritt 9: Wie man schon vor der Bewerbung die ersten Arbeitserfahrungen macht

Wenn Sie sich bei Ihrem Traumunternehmen um einen Job oder einen Auftrag bewerben, sollten Sie in jedem Fall vorweisen können, dass Sie auf dem von Ihnen anvisierten Gebiet bereits etwas auf die Beine gestellt haben. Das bringt die Frage mit sich, wie es möglich ist, die allerersten Erfahrungen auf einem Tätigkeitsgebiet zu machen.

Der beste Weg, diese Erfahrungen zu sammeln, ist ein eigenes kleines (oder großes) Projekt. Damit beweisen Sie von Anfang an unternehmerisches Denken, Eigeninitiative und Begeisterungsfähigkeit. Mit einem eigenen Projekt können Sie Ihr Engagement und Ihre Ziele mit Strahlen in den Augen kommunizieren. Sie werden erstaunt sein, wie schnell Sie auf einmal Arbeit- und Auftraggeber von sich einnehmen. Es ist ungemein schwierig, sich der Anziehungskraft zu entziehen, die Leute ausstrahlen, die mit Leib und Seele bei der Sache sind.

Wenn Sie Krimiautorin werden wollen, beginnen Sie mit Kurzkrimis, die Sie an Ihre Freunde und Freundinnen verschenken, bei Schreibwettbewerben einreichen und in der Wochenendausgabe einer lokalen Zeitung veröffentlichen. Wenn Sie Fernsehmoderator werden wollen, treten Sie im Offenen Kanal auf, oder übernehmen Sie eine Sendung auf Uni-Radio oder im Bürgerfunk (gerade die Nachtschichten sind oft leichter zu bekommen). Wenn Sie DJ werden wollen, beginnen Sie, auf den Partys Ihrer Freunde und Freundinnen aufzulegen. Schnell wird sich jemand melden, der noch dringend einen DJ für seine Hochzeit oder sein Betriebsjubiläum sucht.

Neben den beschriebenen Vorteilen eines eigenen Projekts zum Berufseinstieg kommt Ihnen höchstwahrscheinlich ein weiteres Phänomen zugute: Wer macht, was er wirklich gerne macht, wird in der Regel auch andere Jobangebote von außen erhalten. Viele Arbeitgeber suchen händeringend Leute, die etwas bewegen und Begeisterung vermitteln können. Diese Arbeitgeber werden aber nur dann auf Sie aufmerksam werden, wenn Sie sich mit Herzblut für Ihre Sache ins Zeug legen und Ihr Engagement auch deutlich zeigen.

Neben dem eigenen Projekt gibt es noch andere Möglichkeiten, die ersten Gehversuche auf einem neuen Gebiet zu machen: Praktika, Ehrenämter, die Teilnahme an Veranstaltungen von Arbeitgebern (Workshops, Aushilfstätigkeiten, Messeauftritte, Tage der offenen Tür). Entscheidend dabei ist immer, dass Sie einen Fuß in die Tür bekommen und erste Kontakte knüpfen.

Um seine Erfahrungen in der organisierten Kinderbetreuung auszubauen, ruft Peter in seinem Stadtteil eine kleine Babysitterbörse ins Leben. Über seine Verbindungen aus dem Zivildienst organisiert er Erste Hilfe-Kurse für alle, die sich für Einsätze interessieren. Für die Unterstützung gewinnt er einen Stadtteilladen, eine Kommunalpolitikerin und einen Journalisten. Er kümmert sich um den Internetauftritt und stellt alle Betreuer dort mit Foto, Lebenslauf und Referenzen vor. Außerdem legt er als Extraservice eine Sammlung von selbst geschriebenen Kindergeschichten an, die man direkt aus dem Internet ausdrucken und vorlesen kann. Zusammen mit einem befreundeten Schauspieler bietet er auf einem Stadtteilfest Kinderbetreuung mit Kindertheater an und macht so auf seinen Vermittlungsdienst aufmerksam.

Schritt 10: Gezielt an den gewünschten Arbeitgeber herantreten

Das ist der Moment, auf den Sie in Ihrem persönlichen Workshop hingearbeitet haben! Bevor Sie den entscheidenden Schritt tun und Ihren Traumarbeitgeber kontaktieren, hier noch einmal das bisher Erarbeitete zusammengefasst:

1. In der Berufsfindung funktioniert nichts, bevor Sie nicht Ihre persönlichen Fähigkeiten ausgelotet haben und diese auch konkret benennen können. Schließlich werden Sie Ihrem potenziellen Arbeitgeber (oder Auftraggeber) vermitteln müssen, warum er *ausgerechnet Sie* einstellen soll. Eine genaue Anleitung dazu finden Sie in Schritt 1 des Workshops.

2. Suchen Sie sich nicht irgendein Berufsfeld, das Ihnen gerade aussichtsreich erscheint. Wenn Sie in einem Bereich nicht wirklich arbeiten wollen, werden Sie dort nicht viel erreichen können. Finden Sie stattdessen heraus, was Ihnen richtig Spaß macht und was Sie morgens aus dem Bett treibt, auch, wenn Sie eigentlich hundemüde sind. Beruflich erfolgreich wird, wer mit echter Begeisterung bei der Sache ist. Dazu gehört auch eine Spezialisierung, die zu Ihnen und Ihren Wünschen passt. Diese einzelnen Elemente Ihres beruflichen Ziels haben Sie in den Schritten 2 bis 5 entwickelt.

3. Stellen Sie eine Liste mit sämtlichen Orten zusammen, an denen

eine solche Tätigkeit gebraucht wird oder gebraucht werden könnte. Suchen Sie aus dieser Liste den Bereich aus, der Sie am meisten anspricht. Sammeln Sie nun Adressen von Firmen und Projekten, die dort tätig sind, und lassen Sie sich deren Unterlagen schicken. Wählen Sie die attraktivsten Organisationen aus, und sammeln Sie über diese Traumarbeitgeber alle verfügbaren Informationen. Näheres dazu haben Sie in den Schritten 6 bis 8 gelesen.

4. Machen Sie Ihre ersten Erfahrungen mit einem eigenen Projekt, oder arbeiten Sie dort, wo es bereits Strukturen von ehrenamtlicher Arbeit gibt. Suchen Sie nach »ganz einfachen« Möglichkeiten, erste Erfahrungen zu sammeln. Auf diese Weise können Sie sich auch während einer Berufstätigkeit oder während eines Studiums Ihr (neues) berufliches Feld erarbeiten.

Wenn Sie alle Schritte bis hierhin erledigt haben, sind Sie nun bestens auf das entscheidende Telefonat vorbereitet. Wieso Telefonat?

Die meisten Bewerber scheuen sich vor einer ersten Kontaktaufnahme per Telefon. Dabei vergeben sie leichtfertig die wichtige Chance, durch einen persönlichen Anruf Initiative zu zeigen und einen guten Eindruck zu hinterlassen. Schließlich sind im gesamten Nachtleben kommunikationsstarke Mitarbeiter gesucht.

Vom unangekündigten Verschicken von Bewerbungsmappen ist dagegen abzuraten. Diese landen häufig wenig beachtet auf irgendwelchen Ablagen. Die meisten Leute werden täglich mit Post zugeschüttet und müssen einen Weg finden, mit der Informationsflut fertig zu werden. Dazu gehört leider in vielen Fällen, dass unaufgefordert eingesandte Bewerbungen keine große Beachtung finden.

Damit Ihr Gesprächspartner Ihnen auch zuhört, obwohl er Sie noch gar nicht kennt, sollten Sie im ersten Satz eine Trumpfkarte ausspielen, und das ist die Erwähnung eines persönlichen Kontakts oder der Bezug auf etwas, das Ihr Gegenüber geäußert oder getan hat. Wenn Sie beispielsweise in der Zeitung lesen, dass Ihre Zielperson in einem Interview eine bestimmte Meinung geäußert hat, dann können Sie sich in Ihrem ersten Satz darauf beziehen: »Guten Tag Frau Fischer, hier ist Holger Brehme. Ich habe gelesen, dass Sie die Bar im neuen XYZ-Hotel streng nach Feng-Shui-Regeln ausrichten wollen. Vor allem durch den Einsatz von Wasser soll eine ganz besondere Atmosphäre geschaffen werden. Ich habe mich sehr gefreut, dass Sie darauf hingewiesen haben, dass Feng Shui...«.

Der Mechanismus, den Sie hier nutzen, lautet: Jeder Mensch freut sich, wenn andere sich mit dem beschäftigen, was er gesagt, getan oder geschrieben hat. Wenn Sie sich bei einem erfolgreichen Konzertveranstalter bewerben wollen, müssen Sie wissen, wie die Agentur arbeitet, welche Künstler betreut werden und wurden, welche Tourneen erfolgreich waren und welche nicht. Lesen Sie Presseberichte über den Veranstalter und Interviews mit dem Chef. Je mehr Sie über die Meinungen Ihrer Zielperson wissen, desto stärker ist Ihre Position im ersten Telefonat und während der gesamten Bewerbungsprozedur.

Entscheidend ist, dass Sie es in Ihrem ersten Telefonat schaffen, die Aufmerksamkeit Ihres Gegenübers zu wecken und ihn für sich zu interessieren. Ein Beispiel:

»Guten Tag Frau Dormann, hier ist Anna Schmitz. Ich habe gerade Ihre neuen Internetseiten zum Thema »Klatsch des Abends« angesehen. Ich finde Ihre Aufbereitung von schnellen Geschichten vom selben Abend sehr interessant und unterhaltsam. Am meisten war ich beeindruckt davon, dass man am Abend des Presseballs bereits um 22 Uhr die ersten Bilder im Netz sehen konnte. Ich habe selbst im Internet ein kleines Prominenten-Lexikon mit Steckbriefen von lokalen Persönlichkeiten angelegt und würde gern in dieser Richtung weiterarbeiten. Ein Praktikum in Ihrer Redaktion wäre eine gute Chance für mich, mein Wissen auszubauen. Kann ich Ihnen meine Unterlagen einmal vorbeibringen? Dann könnte ich Ihnen auch einen kleinen Artikel von mir zum Thema »Warum home stories mehr verbergen als sie zeigen« mitbringen.«

Oder: »Guten Tag, hier spricht Peter Müller. Ich habe gerade im Kölner Stadtanzeiger gelesen, dass Sie sich für eine neue Form der Kinderbetreuung in großen Krankenhäusern stark machen. Immerhin arbeiten dort viele im Schichtdienst und haben Schwierigkeiten, passende Babysitter zu finden. Ich habe mich sehr darüber gefreut, dass Sie betonen, wie wichtig es für eine Universitätsklinik ist, für hochqualifizierte alleinerziehende Ärzte und Ärztinnen attraktiv zu sein. Seit einiger Zeit organisiere ich in Wuppertal einen Babysitterservice, bei dem alle Betreuer vorher sorgfältig ausgewählt und geschult werden, vor allem in Erster Hilfe. Da ich nächste Woche in Köln bin, würde ich gern einmal bei Ihnen vorbei schauen. Vielleicht haben Sie Zeit auf eine Tasse Kaffee, und wir können über die Organisation eines professionellen Babysitterservices für Ihre Schichtdienstler sprechen.«

Mit einem solchen Einstieg hat sich Peter geschickt aus der Position des Bittstellers herausmanövriert. Er ist nun ein »interessanter Gesprächspartner«. Eine strategisch viel günstigere Ausgangsposition!

Natürlich ist die Vorbereitung eines solchen Einstiegs mit sehr viel Arbeit verbunden. Deshalb kommen die meisten nicht über ein »Guten Tag, hier ist Michael Schultze, ich wollte mal fragen, ob ich bei Ihnen ein Praktikum machen kann« hinaus. Doch genau *das* ist Ihre Chance!

Wenn Sie Ihr Telefonat detailliert vorbereiten, wird es Ihnen auch gelingen, ein persönliches Treffen anzubahnen, bei dem Sie sich und Ihre Arbeitskraft präsentieren. Dieses Ziel halten Sie sich kurz vor dem Gespräch noch einmal klar vor Augen.

Ihre Schritte für die erste Kontaktaufnahme in der Zusammenfassung:

- Beginnen Sie mit dem Bezug auf einen persönlichen Kontakt und/oder mit dem Bezug auf etwas, das Ihr Gegenüber gesagt oder getan hat. Damit sichern Sie sich die Aufmerksamkeit Ihres Gesprächspartners, Ihrer Gesprächspartnerin.
- Zeigen Sie, dass Sie sich gut informiert haben und dokumentieren Sie so, dass Ihr Interesse ernst ist.
- Berichten Sie von Ihrem Engagement und transportieren Sie echte Begeisterung.
- Bitten Sie nicht unterwürfig um ein Gespräch, sondern vermitteln Sie, dass Sie Ihrem potenziellen Arbeitgeber oder Auftraggeber etwas Interessantes anzubieten haben.

Wenn Sie die einzelnen Schritte des Workshops sorgfältig durchgearbeitet haben, werden Sie kein Problem damit haben, in all diesen Punkten zu glänzen.

Nicht für jedes berufliche Projekt lassen sich die Schritte des Workshops mit derselben Stringenz durchführen. Nehmen Sie die beschriebenen Lösungen daher als Wegweiser für Ihren ganz individuellen Kurs. Kleben Sie nicht an einzelnen Details, sondern benutzen Sie die aufgezeigte Systematik und Herangehensweise als Werkzeug.

Viel Erfolg!

Teil IV
Service

Wie Sie trotz Nachtarbeit gesund bleiben

Nachts zu arbeiten macht Spaß – ist aber anstrengend. Und zwar für Körper, Psyche und soziales Umfeld. Damit Sie nach zwei Jahren Nachtarbeit nicht aussehen wie ein grauer Mäuserich, haben wir zum Schluss einige Tipps für Sie zusammengestellt, wie Sie trotz Nachtarbeit gesund bleiben.

Dabei gilt für die Nachteulen zunächst einmal natürlich alles, was für ganz normale Tagarbeiter auch zutrifft: Ernähren Sie sich nicht ausschließlich von Pizza, Pommes und Döner. Obst, Gemüse und Vollkornprodukte sind für jeden Menschen unverzichtbar. Und dass Rauchen, übermäßiges Kaffee- und Alkoholtrinken nicht förderlich für Ihre Gesundheit sind, wissen Sie ja bereits.

Damit Sie die Nacht durchhalten, sollte Ihre Hauptmahlzeit am Abend liegen. Vermeiden Sie es möglichst, morgens hungrig nach Hause zu kommen und dann den Kühlschrank leer zu futtern. Magen- und figurfreundliche Rezepte mit vielen Kohlenhydraten und wenig Fett finden Sie in *Das Nachtschicht-Kochbuch* von Marc Deschka und Carl Roovers (Edewecht, 2001). Die Autoren haben dabei besonders an Leute gedacht, die erst nachmittags zum Einkaufen kommen und daher nur Grundnahrungsmittel beschaffen können.

Erste Voraussetzung für den Nachtarbeiter ist die Möglichkeit, trotzdem ausreichend zu schlafen. Dazu folgendes:

- Wer den halben Tag lang schläft, braucht eine Wohnung, die tagsüber ruhig genug zum Schlafen ist, die also nicht gleich an einen Kindergarten, einen großen Baustoffmarkt oder eine

Schnellstraße grenzt. Ebenfalls tödlich für Nachtschaffende sind frühaktive Nachbarn mit aufwändigen Stereoanlagen oder Fernsehern.

- Da Dunkelheit die Schlaftiefe fördert, sind dichte Vorhänge oder Außenjalousien vor allem im Sommer hilfreich.
- Gewöhnen Sie sich trotz der langen Nächte einen gewissen Rhythmus an. Gehen Sie, wenn möglich, immer zur gleichen Zeit ins Bett.
- Sie müssen Ihr Schlafquantum nicht unbedingt an einem Stück nehmen. Wenn Sie beispielsweise morgens von fünf bis zehn Uhr schlafen, legen Sie sich nachmittags oder abends noch einmal zwei bis drei Stunden hin.
- Autogenes Training und Yoga dienen der Entspannung, wenn man aufgedreht früh morgens nach Hause kommt und trotz Müdigkeit nicht schlafen kann.
- Melissen- und Baldriantee oder nach Großmutterart ein Glas heiße Milch vor dem Zubettgehen lassen einen schneller einschlafen.
- Ein weiterer Geheimtipp für Rastlose: ein heißes Fußbad mit einem Esslöffel extra scharfem Senf. Nach 10 Minuten sofort ins Bett steigen. Auch ein Kräuterkissen aus dem Ökoladen mit Hopfen, Lavendel und Melisse auf dem Kopfkissen platziert, fördert den tiefen Schlaf.
- In der chinesischen Medizin liegt der Schlafpunkt zwischen den Augenbrauen. Eine Akupunkturnadel, zwanzig Minuten ein- bis zweimal pro Woche gesetzt, hilft durchzuschlafen und sich auch im Tagschlaf zu erholen. Weitere Nadeln stärken das Nervenkostüm und die Belastbarkeit. Achtung: Nicht im Selbstversuch stechen, sondern zum Heilpraktiker gehen.

Wer nachts arbeitet und tags drauf lange schläft, hat vor allem im Winter das Problem, nicht ausreichend mit Tageslicht versorgt zu sein. Folge sind häufig innere Unruhe, Antriebslosigkeit und Unkonzentriertheit. Dagegen kann man folgendes unternehmen:

- Sport fördert das Wohlbefinden, sorgt für Ausgleich, macht fit, baut Spannungen ab und fördert die Hormonausschüttung. Am besten gehen Sie möglichst bald nach dem Aufstehen joggen.

Damit kriegen Sie das letzte Tageslicht ab und tun außerdem etwas für Ihren Kreislauf. Auch Trampolinspringen bringt die Hormone auf Trab.

- Mithilfe einer Vollspektrum-Tageslichtlampe können Sie für zusätzliches Licht sorgen, das dem Tageslicht sehr ähnlich ist. Etwa 30 bis 120 Minuten täglich im Lampenlicht tragen zur Leistungs-, Konzentrations- und Merkfähigkeit bei. Hormonausschüttung, Psyche, Immunsystem und Stoffwechsel werden positiv beeinflusst, Vitamin D zusätzlich gebildet. Die Lampe kann am Schreibtisch, neben der Badewanne oder in der Küche aufgestellt werden. Am nächtlichen Arbeitsplatz (beispielsweise in einer Spätredaktion) hilft die Tageslichtlampe auch gegen Müdigkeit. Infos unter:

  www.tageslichtlampen.de
  www.brightlight.philips.de

- Damit sich Vitamin D im Körper einlagert, braucht er Sonnenlicht. Notfalls kann man auch ins Solarium gehen, aber bitte nicht ausschließlich. Häufigkeit und Länge richten sich nach dem Hauttyp, glücklicherweise kann man unter der Sonnenbank besser dosieren als in der natürlichen Sonne. Einmal pro Woche ist ein Richtwert. Wenn Sie sich nichts aus der Bräune machen, reicht die schwächste Variante – Sie erreichen kein besseres Stimmungsergebnis durch stärkere Wattzahlen. Wer Angst vor Lederhaut hat, kann Solarkosmetik auftragen, die vor vorzeitiger Alterung bewahrt. Nutzen Sie außerdem einen Augenschutz, vor allem, wenn Sie häufiger ins Studio gehen. Achtung: nicht während oder kurz nach Antibiotika-Behandlungen unter die Sonnenbank. Mindestens 14 Tage warten.

- Johanniskraut wird oft bei Winterdepressionen eingesetzt. Das Naturheilmittel wird langfristig angewendet. Es empfiehlt sich beispielsweise eine zwei- bis dreimonatige Kur während der harten Wintermonate. Achtung: Die Haut wird durch Johanniskraut lichtempfindlicher. Daher: Nicht unter die Sonnenbank gehen oder spontan in die Karibik fliegen!

- Planen Sie Ihre Urlaube so, dass Sie während der Wintermonate verreisen – und nicht im Sommer, wenn die Strände ohnehin von

Touristen überquellen. Im August gibt es auch hierzulande genügend lange Sonnentage.

- Falls es zu ernsthaften Schlafstörungen kommt, kann man sich wenden an:

Deutsche Akademie für Gesundheit und Schlaf
Universitätsstrasse 84
93053 Regensburg
Tel.: (09 41) 9 42 82 71
Fax: (09 41) 9 41 15 05
www.dags.de

Sie wollen nachts nicht nur wach, sondern auch schön sein? Dann achten Sie bitte auf folgendes:

- Da Tag und Nacht vertauscht sind, sollte auch die Hautpflege verändert werden. Nachtcreme wird vor dem Schlafengehen aufgetragen – auch wenn das erst im Morgengrauen stattfindet. Für besonders Tapfere: Trotz Müdigkeit die Nachtcreme einmassieren.
- Die Haut von Nachtarbeitern wird oft durch trockene, rauchreiche Luft überstrapaziert. Daher sollten Tagescreme und Make-up besonders feuchtigkeitsspendend sein, die Nachtcreme vitaminreich. Gesichtsmassagen, Gesichtsmuskeltraining und regelmäßige Besuche bei der Kosmetikerin helfen zusätzlich.
- Eine spezielle Pflegeserie für Nachteulen bietet das Kosmetikunternehmen Guerlain an: die Cremes Midnight Star und Midnight Secret.
- Gerade das Leben in verrauchten Bars lässt die Haut schnell alt aussehen. Führen Sie daher die Radikalenfänger Vitamin A, C und E verstärkt zu, vorzugsweise per Vitamintablette, um eine hohe Dosierung zu gewährleisten. Sie sorgen für gesunde Haut und einen schönen Teint. Vitamin C stärkt außerdem das Immunsystem.

Zusätzliche Hilfen:

- Zur Nervenstärkung empfehlen sich neben Johanniskraut auch Ginseng und die Vitamin B-Gruppe.

- Aus der Homöopathie bieten sich bei Erschöpfungszuständen Calcium carbonicum und Cocculus in der Potenz D6 an. Bei rascher Ermüdung, Konzentrationsschwäche und Nervosität können Sie Phosphorus D12 nehmen. Homöopathische Medikamente eignen sich eher zur Langzeitanwendung.
- Auch Tagarbeiter schwören auf Powernapping für Durchhängerphasen: Wen vor lauter Aktenbearbeitung im Büro die Müdigkeit heimsucht, der kann sich durch Kurzschlaf wieder fit machen. Entweder Sie legen sich fünf Minuten hin. Oder Sie setzen sich bequem auf einen Stuhl, nehmen Ihre Autoschlüssel in die Hand und schließen die Augen. Bevor Sie in die Tiefschlafphase abrutschen, entspannen die Muskeln, die Hand öffnet sich, der Schlüssel fällt zu Boden. Durch das Geklirre wachen Sie auf und fühlen sich – hoffentlich – fit. Auch DJs mit langen Auftritten legen sich zwischendurch hin.
- Wenn Sie eine Familie haben oder planen Kinder zu bekommen, brauchen Sie eine Nanny, die über Nacht bleibt und die Kinder morgens zur Schule bringt. Denken Sie darüber nach, ein Aupair zu beschäftigen. Wenn die Schule vorbei ist und Sie ausgeschlafen haben, können Sie den Nachmittag mit den Kindern verbringen.
- Vergessen Sie Ihre Freunde nicht, auch, wenn die tagsüber arbeiten müssen. Veranstalten Sie wenigstens einmal im Jahr eine Party, und laden Sie alle ein, um die Sie sich nicht ausreichend gekümmert haben. Gehen Sie auch auf die Partys von Freunden – vielleicht können Sie mal früher Schluss machen und um Mitternacht auftauchen. Je später der Abend...

Kleines Wörterbuch

administrativ: die Verwaltung betreffend
Afterwork-Party: Party zum Feierabend (in der Regel ab 18 Uhr)
Akkreditierung: Beglaubigung eines Journalisten
akzentuieren: betonen
Anchorman: wichtiges, wiedererkennbares Gesicht eines Programms
   (meistens der Moderator einer Sendung)
Animateur: jemand, der andere in Stimmung bringt, zum Beispiel
   in einem Ferienclub
arriviert: erfolgreich, emporgekommen
Audio Engineering: Akustik-Technik
authentisch: echt, glaubwürdig
Authentizität: Echtheit, Rechtsgültigkeit
Autodidakt: jemand, der sich etwas im Selbststudium (ohne Unter-
   richt) erarbeitet hat
Avantgarde: Vorkämpfer (für eine Idee)

Backstage: Bereich hinter der Bühne
Beats: Schläge, Rhythmus
Big Names: große Namen, Prominente
Bodypainter: Körpermaler

Cabins: Boxen
Call-in-Sendung: Sendung bei der Zuschauer- oder Zuhöreranrufe
   eingehen (und live ins Studio geschaltet werden)
Casting: Rollenbesetzung bei Film und Fernsehen
Catering: Bewirtungs- und Partyservice

Charthits: Schlager aus der Hitliste
Chill Out: Abkühlphase nach der Party
Cluster: Boxenpaket an der Decke einer Veranstaltungshalle
Commis: Jungkoch
crazy: verrückt

Dancefloor: Tanzfläche
Deadline: Stichtag, letzter Termin
didaktisch: das Lehren betreffend
disponieren: kalkulieren, einplanen
Domäne: Gebiet
Drinks: Getränke
Drum'n Bass: Musikrichtung
Dub: Musikrichtung

eloquent: beredt
Entertainment: Unterhaltung
Etablissement: Gaststätte, (Nacht)lokal
Event: Ereignis, Veranstaltung
Existenzialist: Anhänger der Philosophie des Existenzialismus
Exzentriker: überspannter Mensch

Fauxpas: Fehler
Feedback: Rückmeldung
Feeling: Gefühl
Fender Stratocaster: Gitarrenmarke
Festival: (Musik)-Fest
fiktiv: frei erfunden, erdacht
Freelancer: Freiberufler
from Dusk till Dawn: Von Sonnenuntergang bis Sonnenaufgang
fulminant: ausgezeichnet, prächtig
Fundus: Bestand (zum Beispiel an Kostümen)

Genre: Art, Gattung
Greenhorn: unerfahrener Neuling
Grossist: Großhändler

Ground Support: etwas wird – zur Unterstützung – auch am Boden montiert, zum Beispiel Lampen

Hand: wörtlich, Hand, hier: Hilfskraft (beim Aufbau einer Konzertbühne)
Handling: Handhabung
hard boiled novel: Roman, der sich nicht für zart besaitete Leser eignet
Hardcover: Buch mit festem Einband (im Gegensatz zum Taschenbuch)
hip: modern
High Potential: Mensch mit großem Potenzial. Gemeint sind meistens Studenten, denen eine große Karriere zugetraut wird
Hospitant: Gasthörer
House: Musikrichtung

In vino veritas: lateinischer Sinnspruch, »Im Wein liegt die Wahrheit«
Incentive: Anreiz (zum Beispiel eine Reise, die das Unternehmen seinen Mitarbeitern spendiert)
Independent-Label: konzern-unabhängiger Musikverleger
Ingredienzien: Zutaten
Insider: Eingeweihter
Integrität: Ungescholtenheit, Unbestechlichkeit
invasiv: eindringend

Jargon: Sprache einer bestimmten gesellschaftlichen Gruppe oder einer Berufsgruppe
Jeton: Spielmünze in der Spielbank
Jingle: musikalischer Werbespot
jovial: gönnerhaft
Keyboard: Piano/Synthesizer
Kid: Kind
Kommissionierer: Zwischenhändler
Kompagnon: Mitinhaber, Geschäftsteilhaber

Learning By Doing: Lernen durch Ausprobieren/Machen
Locals: hier: Leute, die vor Ort angeheuert werden

Location: Ort, an dem etwas stattfindet (zum Beispiel eine Party)

Maître de: hier: Oberkellner
Manie: Raserei
manisch: krankhaft übersteigert
Matinee: Morgenveranstaltung
MAZ: Magnetaufzeichnung (vorproduzierte Beiträge, Videoclips für das Fernsehen)
McJob: anspruchslose, schlecht bezahlte Tätigkeit
mondän: besonders elegant
morbid: dem Tod nahe
Multimedia: Kombination mehrerer Medien (Animation, Film, Musik, Text etc.)

Nachtimpresario: Nachttheater- oder Konzertagent
Nanny: Kinderfrau
Nightlife: Nachtleben
non-verbal: nicht mit Worten

On Air: auf Sendung, live
On the Job: während der täglichen Arbeit (statt während der Ausbildung)
Open-End: ohne festgelegtes Ende
Out-Of-Space: außerirdisch

parlieren: plaudern
Patches: Flicken, Lappen
pathologisch: krankhaft
Phonetik: Wissenschaft von den Sprachlauten
Platitude: Plattheit, Seichtheit
Portfolio: Bestand von Wertpapieren
Printmedien: Druckmedien
profan: alltäglich
Provinienz: Herkunft, Abstammung
Psychobilly: Anhänger einer Jugendszene
psychosomatisch: auf seelisch-körperlichen Wechselwirkungen beruhend

Pyrotechnik: Technik der Herstellung von Feuerwerkskörpern

Rave: Technoparty
Red Carpet-Shots: Fotos von Prominenten auf dem roten Teppich
Refugium: Zufluchtsort
relaxen: entspannen
Rendezvous: Verabredung
Revival: Erneuerung/Wiederbelebung
Roadie: jemand, der bei Konzerten die Bühne aufbaut
Rock Rebel: rebellischer Rocker
Royal Dinner: Königliches Abendessen, meistens Galaveranstaltung zu einem guten Zweck
Running Gag: stets wiederkehrender Witz

Screendesign: Gestaltung am Bildschirm (für das Internet)
semantisch: die Wortbedeutung betreffend
Set: Drehort, Kulisse
Showtrucks: LKW mit Showausrüstung
Site: hier: Internetseite
Skinhead: Anhänger einer Jugendszene
Smalltalk: beiläufige Konversation
Snob: eingebildeter Mensch
sondieren: erkunden, ausforschen
spartanisch: karg
Spelunke: dunkle Kneipe
Stagehands: Leute, die auf der Bühne helfen
Status quo: gegenwärtiger Zustand
Stilistik: Lehre von den Gesetzen des guten Schreib- und Sprachstils
straight: gerade, genau, ohne Umwege
stressresistent: widerstandsfähig gegen Stress

Techno: Musikstil
Timecode: elektronische Verschlüsselung, die zum Beispiel eine Lasershow steuert
Timing: zeitliche Planung und Steuerung
Top Secret: streng geheim

Track: Musikstück
Trailer: kurzer Film
Traversenriggs: Befestigungsmöglichkeit für große Scheinwerfer
Tronc: Trinkgeldbehälter im Spielcasino
Troublemaker: jemand, der Ärger macht
Turntable: Plattenteller

Understatement: bewusste Untertreibung
User: Benutzer

veritabel: wahrhaft
Visual Basic Script: Programmiersprache

Warm-Upper: Jemand, der vor einer TV-Show ins Studio kommt
   und das Publikum in Stimmung bringt
Whodunnit: eigentlich: Who has done it? Klassischer Krimi, der
   sich der Suche nach dem Mörder widmet
Weirdo: komischer Kauz
Wind up: höhenverstellbares Stativ
Yellow Press: Regenbogenpresse

Anmerkungen

1 Zahlen für 1999 laut Branchen-Computer der Volksbanken und Raiffeisenbanken.
2 *Berliner Zeitung,* 17.4.2000, S. 32.
3 *Der Tagesspiegel,* 30.4./1.5. 2000, S. 3.
4 *Süddeutsche Zeitung,* 12.11.2001, S. 10.
5 *Süddeutsche Zeitung,* 27./28.10. 2001, S. 50.
6 Quelle: www. sae.edu
7 *Uni Magazin,* 2/1998, S. 8.
8 In: *Skrupellose Skorpione,* aus der Reihe Aszendent Mord. Frankfurt/M. 2000.
9 *Welt am Sonntag,* 4.11.2001, S. 94.
10 Chris Lendt: *Kiss and Sell,* New York, NY, 1997, Covertext.
11 Quelle: www.ffa.de
12 Angabe für 1999, Quelle: Branchen-Computer der Volksbanken und Raiffeisenbanken.
13 Quelle: www.bzp.org
14 Quelle: www.hotel-wandl.com
15 Quelle: www.dehoga.de
16 *Berliner Zeitung,* 24./25.2.2001, S. 77.
17 Quelle: www.webmasters.de/ausbildung/ausbildberuf.html
18 *Berliner Zeitung,* 17.4.2001, S. 23.
19 Quelle: www.telegate.de.
20 Uta Glaubitz, *Der Job, der zu mir passt. Das eigene Berufsziel entdecken und erreichen,* Frankfurt/New York 1999.
21 Lorenz Wolff, Johanna Frank, *Berufszielfindung und Umsetzungsstrategie für Studium/Ausbildung/Weiterbildung,* Speyer 1992, S. 25.
22 Ähnlich Richard Bolles, *What colour is your parachute?,* Berkeley 1997, S. 141; siehe auch: Richard Bolles, *Durchstarten zum Traumjob. Das Bewerbungshandbuch für Ein-, Um- und Aufsteiger,* Frankfurt/New York 2000, S. 163.

Berufsregister

24-Stunden-Hotline 163-166

Astronom 171-175

Babysitter 13, 15, 94, 190, 192 f.,
   197, 200 f.
Bandmanager 91-96
Barkeeper 11, 13, 26, 31-34, 181,
   89 ff.
Bildmischer 66-69, 181, 191
Bühnenarbeiter 13, 85

Call Center Agent 177 f.
Choreograf 125
Concierge 127, 138 ff., 191
Conférencier 13, 85-88, 187
Croupier 11, 15, 41-45, 192
Cutter 68, 83 f.

Diskjockey 11, 13, 28 ff., 97 f., 181,
   189, 191, 197, 209
Drucker 84

EDV-Notdienstler 13, 177, 191
Eventtechniker 98 f.

Filmvorführer 13, 115 ff., 189
Flugbegleiter 147, 187

Gästebetreuer 83

Gelber Engel 127, 134-138
Großmarkthändler 166 ff.

Inspizient 11, 124

Kellner 13, 26, 34 ff., 142
Kneipier 11, 18, 24-28, 98, 181
Koch 13, 33, 38-41, 53
Konzertveranstalter 11, 15, 29, 88-
   91, 93, 187
Krimiautor 120-124, 197
Krisenzentrum Auswärtiges Amt
   176 f.
Kurierfahrer 145 f.

Maskenbildner 13, 85, 112-115,
   181
Moderator 11, 29, 56-61, 68, 70,
   72-76, 80, 83, 86 ff., 181, 195,
   197

Nachrichtensprecher 72-76
Nachtbusfahrer 147
Nachtfotograf 11, 15, 48 f.
Nachtwache Psychiatrie 176
Nightmanager 11, 140 ff., 189,
   192 f.

Platzanweiser 85, 118 ff.
Polizeireporter 11, 13, 80-83, 181

Programmierer 13, 160-163
Promi-Babysitter 152-156
Promoter 85, 93 f.
Pyrotechniker 85, 103 ff., 189

Radio-DJ 64 ff.
Radio-Tontechniker 69-72
Requisiteur 13, 85, 124 f.
Rettungssanitäter 168-171
Roadie 11, 72, 85, 94, 97, 100-103 f., 191

Salondame 125 f.
Schlafwagenschaffner 132 ff.
Schlüsseldienstler 127, 144 f.
Showmaster 56-59
Snack-Verkäufer 54
Society-Reporter 13, 77 ff.
Sommelier 13, 49 ff., 188, 194
Souffleur 13, 85
Sportmoderator 73
Sprengmeister 15, 149 ff.

Steward 147, 187
Steward im Nachtreiseservice 132 ff.
Szene-Promotion 45 ff., 187

Talkshowhost 56-59, 181
Tankwart 13, 143 f.
Taxifahrer 127-131
Telefonauskunft 177 f.
Theaterbeleuchter 85, 108-112
Tierpfleger 175 f.
Tontechniker 13, 69-72, 97, 100, 105-108
Tonstudiotechniker 189, 191, 195
Türsteher 13, 30, 36 ff.

Übersetzer 13, 156-159, 189-191

Veranstaltungstechniker 96-100
VIP-Begleiter 54

Wirt 23-28

Ich weiß jetzt was ich will!

Richard Nelson Bolles
**Durchstarten zum
Traumjob – Das Workbook**
2002. Ca. 60 Seiten
ISBN 3-593-37003-4

Richard Nelson Bolles
Durchstarten zum Traumjob
Das Bewerbungshandbuch
für Ein-, Um-
und Aufsteiger
5. Auflage, 2001. 344 Seiten
ISBN 3-593-36294-5

Gehören Sie zu jenen 28 Prozent, die Spaß an ihrer Arbeit haben? Oder reihen Sie sich in die 30 Prozent ein, die innerlich bereits gekündigt haben? Entdecken Sie mit dem Workbook von Bewerbungspapst und Karriere-Experte Richard N. Bolles, was in Ihnen steckt. Persönliche Neigungen, individuelle Fähigkeiten – finden Sie sie heraus und nutzen Sie sie! Denn je genauer Sie wissen, was Sie wollen, umso eher finden Sie es. Das Buch liefert konzentriert die Übungen zu dieser Analyse. Es kann begleitend zum Bestseller *Durchstarten zum Traumjob* bearbeitet werden, lässt sich aber auch unabhängig davon als eigenständiges Übungs- und Arbeitsbuch benutzen.

Gerne schicken wir Ihnen unsere aktuellen Prospekte:
Campus Verlag · Kurfürstenstr. 49 · 60486 Frankfurt/M.
Tel.: 069/97 65 16-0 · Fax - 78 · www.campus.de

campus
Frankfurt / New York